しかし、調べれば調べるほどその世界は奥深く、またタイトルの数もおびただしいことが明らかになってきたのである。「オマケシールブームを再評価したい」という僕の思いとは裏腹に、うかつに触れられない世界である事実に途方にくれるばかりであった。

そんな中、様々な縁からオマケシールコレクターの方と知り合う機会を得て、彼らの熱意とオマケシールに対するディープな情報に触れることができた。また別の書籍での仕事を通じて、オマケシール界随一のコレクターであり、ライターでもある堀野氏と出会えたことは、本当に幸運なことだった。本書は、彼が長年積み重ねてきたオマケシールへの探求心がなければ完成しなかっただろう。

企画者として僕がまずやりたかったのが、各オマケシールのストーリーや世界観を整理することだった。シールというメディアゆえに断片的にしか語られなかったものの、オマケシールにはシリーズごとに独自の味わい深いドラマが設定されていたことが非常に多い。本書を読めば、きっとそこに商品開発者の情熱やインテリジェンスが存分に盛り込まれていることに驚くはずだ。

掲載シール総数は実に１１００枚以上にのぼっている。それでもオマケシールブーム時に生み出されたシールのごく一部にすぎないのである。いかにオマケシールの世界が広大で奥深いか、想像に難くない。

またオマケシールブームを支えた広井王子さん、スタジオメルファンの主要メンバー、あだちひろしさんらクリエイターの方々から、貴重な証言をいただけたことは僥倖《ぎょうこう》というほかない。どなたもお忙しい中、時間を割いてくださり感謝の言葉もない。そんな多くの方々の協力で完成した本書は、未だ語られることの少ないオマケシール研究の入門書として、またあの「熱狂の時代」を概観できるガイドとしてお楽しみいただきたい。

最後に、現役のオマケシールファンも、かつてのオマケシールファンも、本書を通じてあの頃の気持ちを思い出してもらえたとしたら幸甚の至りである。

さあ、色鮮やかでどこまでもディープなオマケシールの世界へ旅立とう！

有田シュン

80年代オマケシール大百科

CONTENTS

『秘伝忍法帳』の魔紫亜。妖忍界を統治する忍王の娘に化けて暗殺を企んだ、妖魔暗黒軍の紅一点

『ドキドキ学園』のヘルゲル魔皇帝。人間界侵攻を企み、ヘルゲル魔国を作った、次元悪霊の支配者

『ガムラツイスト』のドン・ゴッド理事長。かつてのスーパースターで、引退した今もプロレス界に君臨

『ビックリマン』のヤマト王子。聖フェニックスを支える若い天使=若神子のひとり。ヤマト神帝へとパワーアップ

オマケシールがチョコやアイスなどいくつかの商品にまたがって発売された場合は、その代表的なものだけをデータとして掲載しています。ただし、商品名やシール名が変わったものについては併記しました。

『タイムスリップバトル』の
ヘラクロス。
ピラミッドの奥にあった黄金の
カブトムシから復活した勇者

『謎のジパング伝説』の
勇神タケル。勇気の泉の
酒豪水でパワーアップする。
「勇」を司る七天神の一人

『ネクロスの要塞』の
主人公、エルフ。
冒険好きな森の妖精で
後にマージに弟子入りする

『ハリマ王の伝説』の
ハリマ王フェニックス。
ハリマ王初の転生で
強化された、情熱の象徴

コラム

インタビュー

オマケシールブームの火付け役となった超ヒット商品

ビックリマン
(悪魔 VS 天使シール)

商品名	菓子種	製菓会社	オマケシール名	単価	総弾数
ビックリマンチョコ	準チョコ菓子	ロッテ	悪魔 VS 天使シール	30 円	31 弾

[シールの特徴]
三すくみ

天使

お守り

悪魔

悪魔シールの上にお守りを貼ると、透明な部分から後ろが見えて中途半端な封印に、金や銀の天使を貼ると完全な封印になる。

初期のチョコ版パッケージ。スーパーゼウスを中心に、1弾キャラの十字架天使や魔人ドジキュラーなどが描かれている。

後期のチョコ版パッケージ。マルコ編突入にあわせて、登場キャラがプッチー・オリンなどに変わった。

【概要】1977年から発売され続けてきた『ビックリマンチョコ』(ロッテ)の10代目オマケシール。天使、お守り、悪魔といったキャラと、壮大な神話絵巻を打ち出したものである。本シリーズ最大の特徴は、素材の異なるシールが混在していること。悪魔は全面カラー、お守りは透明な素材、天使はバックが銀の素材が使われている。「貼られたら貼りかえせ」というキャッチコピーは、この素材を活かした遊びを指しており、悪魔の上にお守りを貼ると完全には封印できないが、天使を貼れば、完全に浄化できるというわけだ。さらに種族ごとに混入率も異なっており、とくに1箱(40個)に1〜2枚くらいと混入率が最も低く、プリズムやホロなどキラキラと光る通称「ヘッド」は話題となり、『遊戯王』のようなトレーディングカードゲームにおけるレアカードの先駆となった。

本シリーズは85年8月からリリースが開始されるのだが、人気が加速するのは86年夏〜秋。CMを流さな

■主要キャラクターたち（聖魔戦争編）

聖神ナディア

ふたりのゼウスを生み出した、
謎に包まれた源層界ヘッド

サタンマリア

悪魔たちを超念魔で操り、ロココの
前に立ちはだかる次界超魔身

聖フェニックス

新天地で次界創造主・ロココに
なるために誕生した聖神子

異聖メディア

かつて源層界から追放された、
第3勢力・曼聖羅の女王

スーパーデビル

魔性暗黒ゾーンから生まれた、
初のエリート悪魔ヘッド

スーパーゼウス

第１次聖魔大戦で天聖界を勝利に
導いた、全能なる最強神

愛然かぐや

ロココの復活に助力した、お守りの
エリア・天地球にいる女神

魔肖ネロ

天聖界崩壊の危機を招いた6魔極
の超念魔から誕生した魔偶王

ヤマト爆神

若神子、神帝と成長し、次界で
ついにヘッド化した若きホープ

かったにもかかわらず、子供たちの間で人気となり、それを受けて児童誌で特集されるようになる。とくに、『コロコロコミック』（小学館）では物語や世界観に踏み込んだ特集やコミカライズを行い、その人気を後押し。順調にセールスを伸ばしていった本商品は、当時の新聞によれば87年頃で月産1300万個という爆発的なヒットを飛ばす。そして87年10月にオマケとしては史上初となるTVアニメが放映されるほどの人気となった。こうした流れを受けて、他のメーカーもこぞってオマケシールを販売するようになり、シールブームが起きたのである。

　ブームが加熱するにつれ、新聞などで取り上げられることも多くなる。代表的なのが、あまりの品薄状態から、販売店側で「1人3個まで」という購入制限がかかったこと。シール目的のあまり、お菓子を捨てる子供が悪目立ちしたこと。そしてニセシールが続出したことだ。とくに3つめは、ロッテ側にも苦情が殺

■主要キャラクターたち（マルコ編）

ドラキュロス

ネロの超念魔と、ベイギャルズの理力を併せ持った魔界ヘッド

プッチー・オリン

マルコたちの前に現れた幼き謎の次代は、曼聖羅の姫君?

ピア・マルコ

ロココとマリアが合身して生まれた、次代戦士の中心人物

B・Z・H

創聖使によって蘇生され若がえったブラックゼウスは曼聖羅の刺客

ペガ・アリババ

プッチーを護衛するワップの正体は、洗脳されたアリババだった！

ベリー・オズ

マルコの仲間となり、一緒に冒険をしていく天使系の次代

ダークマター

悪魔を生み出した、大ポリニアの支配を企む悪のブラック祖

聖ビーナシス

マルコをパワーアップさせた聖ランドに住む次代・源Ｐ７

ディオ・コッキー

マルコたちの冒険に参加するも、悪魔系次代の血がうずく?

到したため、シール自体を原版とする悪質な海賊版の業者に対して、ロッテが販売停止を求めた。そして88年6月に組織ぐるみで製造・販売していたコスモスが告訴され、書類送検されることとなった。

その後、シールブームに水を差す事態が起きる。88年8月8日付けで公正取引委員会から出された「不当景品類及び不当表示防止法に違反する」という指導のもと、メーカー団体がオマケシールに対して自粛を決めたのだ。改革案の柱は、①価格差をなくす、②種類ごとの混入率を均一にする、③特定のシールに価値が出るような広告をしない、の三点。要するに高額な単価のヘッドで射幸心を煽るな、というのが公取委の指摘だったようだ。こうして『悪魔VS天使』は、88年11月に発売された17弾で、ヘッドに豪華素材を使わなくなり、混入率も均一化された。

この事態を機に本商品は、物語も新たなフェーズへと移る。それが89年3月下旬に発売された19弾から序

■主要キャラクターたち（パンゲ編）

ハムラビシーゲル

曼聖羅パワーを注入されパワーアップした悪魔連合リーダー

オーガス・一本釣

一本釣の子孫は復活後、水の大層でハムラビに急襲される

ジャーニ・ヤマト

フェブラ・如面の助力でヤマトが強化され、風の大層へ

フィアンマッドーチェ

父・アンセスの力で増力し、魔性が住みはじめた土の大層ヘッド

セプテ・ピーター

ピーターの子孫、火の大層で洗礼を受けて悪魔化

マーチ・牛若

エイプ・ポンプとの再会後、金の大層に降り立つ

ゴーディメタメンデル

デュークアリババに協力すべく覚醒した、金の大層姉妹の姉

ディッセ・フッド

土の大層マッドーチェで悪魔化されたフッドの子孫

メイ・ダンジャック

森の大層をめざす、復活したダンジャックの子孫

章が始まる「マルコ編」と、4月から始まるアニメ『新ビックリマン』とのメディアミックスであった。シール的には、お守りの代わりに、悪魔と天使の戦いから生まれた次代、というカテゴリが誕生した。また、新たな主人公ピア・マルコをめぐる物語は、シールとアニメと漫画とで、結局どれもが違う展開・結末になっているのも特徴といえる。

そして『新ビックリマン』のアニメが終わると、『悪魔VS天使』はシール単独で次なる物語「パンゲラクシー編」に突入する。シールは次代の代わりにお助けという、かつてのお守りと変わらないカテゴリが加わる。ただ、この頃には『コロコロ』での紹介も小さくなり、90年11月号から掲載された新展開シリーズ『スーパービックリマン』の情報と入れ替わるような形となる。結局、『コロコロ』の記事は91年5月号の28弾が最後となり、その後はメディア露出がないまま、31弾でひっそりと終焉を迎えた。

■1～6弾相関図

【物語】表層界をめぐって悪魔と天使は大戦争となり、天使・スーパーゼウスと悪魔・始祖ジュラの激突はゼウスの勝利に終わる。しかし、この影響で表層界は、天使が住む天聖界、悪魔が住む天魔界、お守りが住む天地球に分裂する。やがて悪魔側には新たなヘッド・スーパーデビルが誕生し、サタンマリアが老天使から聖球を奪ってパワーアップする。一方、天使側は新天地「次界《じかい》」の創造を模索し、創造主である聖《セント》フェニックスが誕生。部下である若神子《わかじんし》たちとともに出撃した。その後、ジュラは突如復活。天使たちはこれを聖卵で退治するが、その体内からブラックゼウスが誕生してしまう。

【情報】86年10月に登場した悪魔ヘッドのブラックゼウスは、史上初のホログラムシール。今ではお札等の偽造防止として採用されているが、当時としては最先端の技術。立体的に見えて、しかも角度によって光り具合も変わるこのシールの登場は、大きな衝撃であった。

■7～9弾相関図

天魔軍

ブラックゼウス ← 倒す ― ヘラクライスト

（天魔軍 ⇔ 天聖軍：対立）

ネロ魔身

悪魔たちが生んだ6魔極から誕生した魔偶王

↓ パワーダウン

ネロ魔身

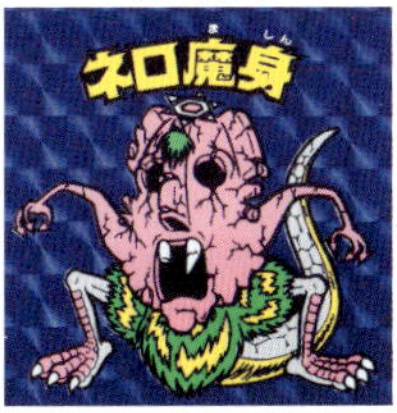

魔性般若パワーが限界を超え、ネロの体が崩壊

七助 → 支援 → ヘッドロココ

ロココに幸七羽毛を与えて最終武装に強化させる

天聖軍

ヘラクライスト

12天使の力で誕生した聖神皇

↓ パワーアップ

ヘラクライスト

12天使の理力を注入して聖ボットにパワーアップ

ヘッドロココ → パワーアップ → **ヘッドロココ**

次界への旅路に向け、フェニックス強化！

無幻ゾーンの出口突破のために最終武装型へ！

神帝

ロココとともに7人の若神子たちも強化!

ヤマト神帝

如面菩薩の力を得て、神帝に

牛若神帝

聖霊源生まれの牛若天子、神帝に

神帝男ジャック

クリスタル天子の力を得て、神帝に

アリババ神帝

聖夢源生まれの騎神アリババ、神帝に

神帝フッド

聖豊源生まれの魯神フッド、神帝に

【物語】12天使は力を合わせて聖《せい》ボット・ヘラクライストを稼働させ、強敵のブラックゼウスを撃退した。ところが今度は悪魔たちが力を合わせ、魔偶王《まぐうおう》・魔肖《ましょう》ネロを誕生させる。ネロは結局その膨大な魔力を支えきれず、ネロ魔身《ましん》として自滅してしまう。しかし、その猛威で天聖界は全滅寸前となり、次界創造が急務となった。そしてフェニックスたちは次界へと旅立つことになる。そして旅路の最初のエリア、無縁ゾーンで聖フェニックスはヘッドロココへ、若神子たちは神帝《じんてい》へとパワーアップを遂げ、このエリアを突破する。

【情報】86年12月にリリースされた8弾は、天使の素材が金色になり、お守りも裏紙の色が水色から白色に変わる。これは、この弾に登場した魔肖ネロが天使側を窮地に追い込んだためで、天使は危険信号を発して黄+銀色で金、お守りは顔面蒼白で白色になったことを示している。こうした素材変えにも意味を持たせるのが、本シリーズの侮れないところだ。

■10～12弾相関図

螺エリア

魔スターＰ

魔紀元神器を探す、古聖紐に縛られたゴードン神

↕ 対立

野聖エルサＭ

聖神から勅命を受けて駆けつけた源層界のヘッド

← 突破

次界ロード

ワンダーマリア

次界を狙うべく、パワーアップした女悪魔ヘッド

↓ 超念魔

ゴーストアリババ

行方不明のアリババがまさかの悪魔ヘッド化

大門魔

次界へと通じる門、まさかの巨大悪魔化

← 突破

悪球エリア

魔胎伝ノア

魔狂期を迎え、ロココを襲った魔増妃

ノアフォーム

魔狂期を過ぎ、ノアが本来の姿に戻る

聖梵ミロク → 聖弾流が直撃 → ゴーストアリババ

謎の超ヘッドが飛来し、聖弾流がアリババを直撃

天聖軍・ロココ軍

アリババ神帝 → 悪魔化 → ゴーストアリババ

無縁ゾーン突破の際、行方不明となった神帝が…

聖金太魁

次界門を突破した、次界必達天使

【物語】 ロココたちがたどりついた悪球エリアでは、魔胎伝《またいでん》ノアが襲撃してきたが、魔狂期をすぎたことでノアは弱体化してしまった。次に訪れた次界ロードでは、次界門である悪魔・大門魔を突破するも、サタンマリアがワンダーマリアにパワーアップして天使たちに襲いかかってきた。しかも、超念魔で悪魔化したゴーストアリババを操ってきた。攻めあぐねる天使軍だったが、そこへ聖梵《セントボン》ミロクの聖弾流が当たり、巨魔霊《きょまれい》アリババは消滅。次に訪れた螺《ら》エリアでも魔《ま》スターＰ《ピー》が襲撃してくるが、野聖エルサＭがこれを撃退してくれた。

【情報】 10弾が発売されていた87年8月、オマケシールとしては初の書籍『別冊コロコロスペシャルビッグサマー増刊号　ビックリマン超特集』（小学館）が発売された。本書は初版20万部が即完売し、その人気を裏付けた。また87年10月頃に出た12弾では、混入率80分の1と、さらに確率が低い超ヘッド「聖梵ミロク」が登場して話題となった。

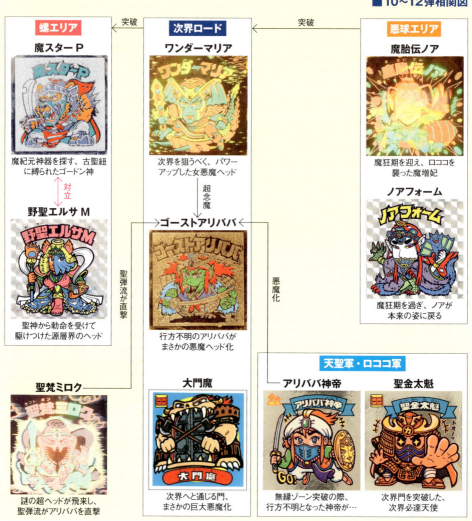

■13〜16弾相関図

次界第3域
曼聖羅軍

聖梵ムガル

戦闘態勢への聖被膜変化を
見せた第2の創聖巡師

聖梵インカ

第3域に絶対壁を造った
第3の創聖巡師

聖梵インダスト

第2曼聖羅の曼枢系の移植を
担う第4の創聖巡師

次界第2域・智道

ダビデブ

次界へと乗り込んだ、
スーパーデビルの腹心

魔統ゴモランジェロ

5つの魔巨孔がある智道の
魔域化を狙う悪魔

次界第1域・次動ネブラ
天魔軍・マリア軍

魔魂プラゴラトン

マリアとの接触を期した
天魔界の知能

ダークヘラ

マリアに操られて悪魔化した
次界の女王

デカネロン

源祖球パワーによって
復活した恐怖の魔偶王

魔覇ドラゴット

造魔棒が肥大化し、
要塞・魔幻型の頂点に

天聖軍・ロココ軍

アンドロココ

曼聖羅軍対抗のために、
ロココ待望の復活

5神帝

智道に向かった、残る
神帝たちもヘッド化

ヤマト爆神

ロココの魂を宿した積星を
携えてヘッド化

（5神帝→魔統ゴモランジェロ）撃退して、一時共闘

（ヤマト爆神→魔覇ドラゴット）破壊

（アンドロココ→聖梵インダスト）第2曼聖羅の移植を阻止

【物語】天使たちが次界にたどり着くと同時に、ロココは消滅して積星《パイルせい》となり、ヤマト神帝はヘッドのヤマト爆神へと変貌する。次界第1域《エリア》・次動《じどう》ネブラでは、ヤマトがダークヘラたちの築いた巨大要塞・魔幻型《まげんモデル》の破壊に成功。第2域・智道《ウィズダムベルト》では、魔統ゴモランジェロをヘッド化した5神帝が撃退した。第3域は、第三勢力・曼聖羅《マンセイラ》がすでに占拠しており、第2曼聖羅の移植を開始していた。しかし源層界・聖神ナディアやお守り・愛然《あいぜん》かぐやの力を受けて、天使ヘッド・アンドロココが復活。第2曼聖羅の切り離しに成功した。

【情報】時期的には15弾頃にあたる、88年6月15日からテレフォンサービス「ビックリマンエキサイティングテレフォン」が開始された。これは一週間おきの更新で、ミニドラマやリリース情報を伝える内容となっており、ミニドラマはシール版準拠の内容。とくに『新ビックリ』以降は、アニメ版と漫画版が別の展開をしたため、貴重な情報源となった。

■ 17～19弾相関図

【物語】次なる第4域・天蓋瀑布《キャナピキャタラクト》は、天使ヘッド・聖常《セントエタナル》キッソスと悪魔ヘッド・魔君ポセイドスが融合した影響で、新たに虹層球《レインボール》が現れる。幻を見せるこの虹層球を突破すべく、神帝たちはアーチ道《ロード》をかけて消滅。一方、次界最深部の久遠《くおん》域では、先行していたマリアがデビル率いる天魔軍たちに裏切られ、窮地に立たされていた。ロココ隊が久遠域に到着すると、マリアは聖心に目覚め、神帝たちのパーツを得た二人はパワーアップ。天魔軍を打ち破り、見事戦争は終結した。マリアとロココはその後合身して、新たな脅威に備えて分身を作る。それが、のちのピア・マルコだ。

【情報】17弾からヘッドシールが豪華素材ではなくなった代わりに、天使・悪魔・お守りが同じ数・同じ確率で出るようになった。つまり、ヘッドの「当たり」感は一気になくなってしまい、これが当時の子供たちには不評で、人気下落の端緒となった。19弾で天魔戦争が幕を閉じたのも、テコ入れの意味合いが強い。

■ 20〜21弾相関図

【物語】生命の源であり、聖神が住む聖地・源層界。曼聖羅の女王・異聖メディアはかつてここから追放された身であり、復讐を誓っていた。ピア・マルコ、ベリー・オズ、ディオ・コッキー、プッチー・オリンの4人は曼聖羅勢力と戦うべく、聖ワッP《ピー》に乗って聖石《セントジュエル》を探す旅に出る。そして、源層界・カーネルダースが支配するハートタンクと呼ばれる世界を訪れた。一方、曼聖羅勢力はメディアに味方する源層界・創聖使《そうせいし》の手によって、悪魔・ブラックゼウスを復活させる。マルコとゼウスの戦力差は圧倒的で、タイプ2にパワーアップしたマルコも歯が立たなかった。

【情報】20〜22弾のヘッドの一部は裏書きが合わせ絵になっており、12種揃えると大きな絵が完成する。20弾パート1はハートタンク、パート2はブラックゼウス、21弾パート2はピア・マルコ(タイプ2)、22弾パート1は大ポリニアとなっている。また『ボンボン』での紹介は、89年6月号の20弾が最後となった。

■22〜23弾相関図

【物語】マルコがハートタンクの一部に叩きこまれ、大《ビッグ》ポリニアという新空間が出現する。そこはいわば時間のトンネルで、悪魔・ダークマターが支配する世界だった。ダークマターは神帝の因子を持つ次代・ベイギャルズを捕まえて力を奪い、魔肖ネロの子孫である悪魔・ドラキュロスを誕生させる。一方のマルコはポリニアの最深部で時間を遡り、若き日のナディアとメディアの力で、サン・マルコへとパワーアップ。力を奪われたベイギャルズも神帝の因子に目覚めて、ギャルジャー5《ファイブ》へと変身した。

【情報】22弾の懸賞では、OVA第1弾『西暦1999ファンタジー』が当たることに。マルコたちがダークマターによって99年の東京に飛ばされ、巨大化したブラックゼウスと戦う。25弾の懸賞ビデオ『ロココ&マリア奇跡《ミラクル》』は、アニメ版クライマックスの補完的な内容で、敵対するロココとマリアが愛を誓い合うことで、聖魔和合を果たすというもの。

■ 24～25弾相関図

【物語】新たな悪魔勢力・エズフィトは、ドラキュロスを王として招き入れる。一方、ハートタンクではカーネルダースとそのライバル、カーネルダークの激突で聖石が誕生。マルコはそれを手にしてアレキサンマルコへパワーアップし、エズフィトの入り口であるアクア層に向かう。そんなマルコのもとへ、ヤマト王子の子孫、天使・ヤマトJ《ジュニア》が駆けつける。二人が出会うとマルコは半獣のマルコロナ光獣へと変貌し、聖石は巨大なレンズとなって日出《ひい》づルートを形成。アクア源流に立ちふさがる悪魔・羅生鬼《らしょうき》を撃破した。

【情報】アニメ『新ビックリ』は、マルコが聖石の力でアレキサンマルコとなり、エズフィトや大魔テーションなどをひとつにまとめた新たな世界・新河系を誕生させて終わる。一方『コロコロ』で紹介されたマルコ編の結末は、マルコたちが子供になったゼウス=ゼウスニュードを奪い返し、悪の元凶だった偽の超聖神を倒すという、漫画版準拠の内容だった。

■26～28弾相関図

デュークアリババ

メディサの命によって、アリババが巨魔霊化

↑ 魔洗礼後、誕生

創聖使影

無敵体となったハムラビの命で、アリババを召喚・改造

火の大層

火の大層ファイアーク

ピーターが降り立った灼熱の大層

クライシスピーター

火の大層の兄弟に捕まり、悪魔ヘッド化

風の大層

風の大層ウィンディ

ヤマトが降り立った風が吹く大層

土の大層

土の大層マッドーチェ

フッドが降り立った、悪魔系の大層

クライシスフッド

土の大層の魔結晶泥によって悪魔化

森の大層

森の大層フォリスト

ダンジャックが降り立った自然豊かな大層

水の大層

水の大層シーゲル

一本釣が降り立った、水にあふれた大層

異星メディサ

メディアが放った矢から誕生した曼勢羅勢

アタック一本釣

スピルーツの守護により水の大層から無事脱出

金の大層

金の大層メタメンデル

牛若が降り立った、姉妹が支配する大層

【物語】羅生鬼撃破の衝撃で、ヤマトJはマルコたちとはぐれ、水仙域《ダファドルーム》にいた。また、日出づルート経由でギャルジャー5も、ここにたどり着いていた。彼らは天使ヘッド・パンゲアクターにパワーアップし、光の輪であるパンゲリングに乗って、真の次界・パンゲラクシーという惑星へ向かう。しかしリングの激突によって惑星は、6つの大層に分裂。アクターたちは各大層に降り立つのだが、大層はお互いに中核をめざして争っていた。ピーターとフッドは大層の罠にかかり、バンプピーター、バンパイアフッドという悪魔ヘッドに変貌。加えてかつての神帝・アリババも、創聖使影《シャドー》らの手によって、最強の悪魔ヘッド・デュークアリババとなってしまった。

【情報】28弾ヘッドはWシールで、2枚目が合わせ絵になっている。パート1は4枚ずつでエンパイアー本釣、バンプピーター、バンパイアフッドが、パート2の12種はデュークアリババが完成する仕掛けだ。

■29～31弾相関図

天使連合
ヤマト・チェンジ
ビッグ・ヤマト
風の大層でアイテムをゲットしてパワーアップ
聖導ギリテス
アマテラスの光に現れた
聖塔へと神帝たちを導く
聖石烈隊
天使連合ギリテスのもとで、
聖塔へと導くのが使命
バロン・牛若
金の大層でアイテムをゲット
してパワーアップ
パン・ダンジャック
森の大層でアイテムをゲット
してパワーアップ
神帝ライバルルーツ（天使）
八聖オロチ
スサノオロ士
魔影対決後、誕生
八魔オロチの子孫が、
ヤマトを襲う悪魔を退治
魔影との戦いに勝利し、
新たな希望が誕生
対立
悪魔連合
魔導モーゼット
ハムラビやアリババたちを
聖塔へと導く
石魔戦隊
モーゼットのもとで、
聖塔へと導くのが使命
神帝ライバルルーツ（悪魔）
魔彗ハレーシャーク
パワーアップしたあと、
弁慶に矢を打ち込む
フックダイルD
2人の悪魔の魔伝因子が
融合して超悪魔へ進化

【物語】悪魔化した神帝たちと、しなかった神帝たちは互いに対立し、大層同士の抗争は天使系と悪魔系に二分化。そこに彼らを聖塔へと導く聖導ギリテス、魔導モーゼットが登場した。事態が混沌とするなか、同じ悪魔をルーツに持つ天使ヘッド・八聖《やせい》オロチは悪魔ヘッド・魔柔ボッテオロチェリーを倒す。そして彼女が聖点《セントポイント》に到着すると、新たな天使ヘッド・スサノオロ士《し》が誕生した。

【情報】シール版の展開がわかる唯一の情報源だったテレフォン版も28弾頃で終了したため、ファンは終わったのか判断がつかなかった。そのことが公式にわかるのは少しあと。実はアニメ誌『月刊アウト』では89年10月号から情報局コーナーを設け、本商品の企画を手がけていた反後四郎氏監修のもとで様々な質問に答えていた。アニメ版『スーパービックリマン』の紹介でもそのコーナーを再開させたところ、92年12月号で、「31弾でラスト」と公言され、未完に終わったことが判明した。

アイス版6弾、スナック版5弾からは、ヘッドが新規に描き下ろされた12種類に。特にスナック版5弾のサタンマリア2種（上の2点）は希少価値となった。下の2点はアイス版・スナック版の11弾。

初期のアイス版パッケージ。「帰って来た」と表記されている通り、復刻版シールが封入されている。

後期のアイス版パッケージ。チョコ味の氷菓タイプに変わり、パッケージにもマルコたちが登場している。

復刻版が2枚封入され、少しお得だったスナック版。チキンコンソメ味のほか、カレー味もあった。

【こぼれ話】❶入手不可能となっていた初期弾のシールを復刻し、アイス版（87年11月から東京・大阪・名古屋で発売）・スナック版（87年12月中旬から東北・新潟・長野で販売）として販売。販売時期こそズレが生じるものの、この2商品はどちらも基本的に同じ復刻版が封入されており、初期は素材も混入率もチョコ版と変わらなかった。しかしチョコ版が公取委指導を受けて仕様変更したことから、この2商品も同様の変更がなされ、ヘッドが描き下ろしの12種に増えるなどして、いわば新装版のような格好となった。ただその切り替え時期が、スナック版5弾（88年11月頃発売）からで、アイス版ではまだ通常の復刻版が発売されたため、ここでズレが生じた。スナック版5弾は販売地域も狭く、販売期間も短いため、希少価値が出たのである。しかも5弾は人気ヘッドのサタンマリアだっただけに、当時わざわざ新潟などに遠出するファンもいたほどだった。なお、6弾以降はアイ

■懸賞ビデオ

上の「西暦1999 ファンタジー」はマルコタイプ２（絵柄はKinPM）をメインに、コッキー、オリン、オズの新ビックリマン一行が勢揃いしている。下の「ロココ&マリア奇跡」は巨方舟に乗るアンドロココと、それを迎え撃つワンダーマリア。OVAの主役２人がパッケージを飾る。

■福袋版

マルコやラファエロココなどは、チョコ版素材とは異なり、プリズムで豪華になっている。

■とるとるキャッチャー版

悪魔以外のシールはすべて背景が白に変更されており、地味な印象は否めない。

■ロッテオリオンズシール版

当時のロッテオリオンズの選手たちをビックリマン化。ヘッドのスーパーオリオンはプリズムとなっている。

ス版・スナック版ともに新装版に統一されている。

❷福袋版というのは近年につけられた通称で、諸説あるが、期間限定発売だったクリスマス商戦合わせのアイスケーキセットのオマケとされたもの。ヘッドシール3枚入りですべてプリズムなのだが、ホロだったキャラに着色されているなど、嬉しい点も多い。

❸とるとるキャッチャー版とは93年夏頃に登場したクレーンゲーム景品のことで、ぬいぐるみがメインなのだが、それとは別にシールもオマケとしてついていた。人形は6種類だが、シールの方は全50種類もある。

❹88年の夏休み、ロッテオリオンズ（現・千葉ロッテマリーンズ）の本拠地である川崎球場では、子どもたちに『ビックリマンチョコ』とともにシールを配布していた。このシールにはビックリマン風のロッテ選手たちが描かれており、当時の有藤道世監督を描いた「スーパーオリオン」というヘッドもあった。

2つの物語がリンクしながら壮大な絵巻を紡いだ長期シリーズ

必殺ガムラツイスト、ラーメンばあ（レスラー軍団抗争Wシール）

商品名	菓子種	製菓会社	オマケシール名	単価	総弾数
必殺ガムラツイスト	イチゴ味フーセンガム	カネボウ食品	レスラー軍団抗争Wシール	50円	15弾
ラーメンばあ	ラーメンスナック	ベルフーズ	レスラー軍団抗争Wシール	60円	13弾

ラーメンスナックを固めたお菓子「ラーメンばあ」。下にいるキャラは特定のものではないが、Wシールをめくると正体がわかることを示している。

Mr. ミト、我無羅殿神王、Dr.Hell スが並んだ、ガムラツイストの初期パッケージ。いちご味のガムが強烈な匂いで、シールに匂いが移るほどだった。

四国限定発売のコーヒー味アイス。パッケージには復活！Mr. ミト、復活！ダイヤモンドヘッドなどが描かれている。なお、ガムラツイストの名前はあるが、ガムが入っていたわけではない。

期間限定で発売された、チューブ入りのオレンジ味アイス、ハッスルマッチ。ドリー・ゴッド、長老ブラキ、霊眼鬼といったキャラが描かれている。

【概要】『ビックリマン』に次ぐヒットといえるオマケシール。2枚重ねのWシール（後期から3枚重ね）で、1枚目をめくるとキャラの真の姿や物語の次の展開が見られるようになっている。発売時期は1987年1月から89年9月頃までで、同じシリーズが『必殺ガムラツイスト』（カネボウ食品＝現クラシエフーズ）、『ラーメンばあ』（ベルフーズ＝カネボウ食品の分社）、『ハッスルマッチ』『ガムラツイストアイス』（カネボウ食品）といった複数の商品にブリッジして発売された。『ガムラ』と『ラーメンばあ』は2弾までは同じシールが封入されていたが、3弾からは完全に分離。物語的にリンクしつつ、壮大な展開をするようになり、全商品の合計で30弾という長期シリーズとなった。

初期の主なシールは、正規軍・覆面軍といった軍団に所属するレスラーのキャラ。「ドン・ゴッド理事長」などのヘッドはVIPと呼ばれており、2枚目がプリズムやアルミと

■主要キャラクターたち

面魔ラザーニ

面魔軍を牛耳っている
謎の悪魔、面魔家一族の最年少

ベン・K・ゴッド

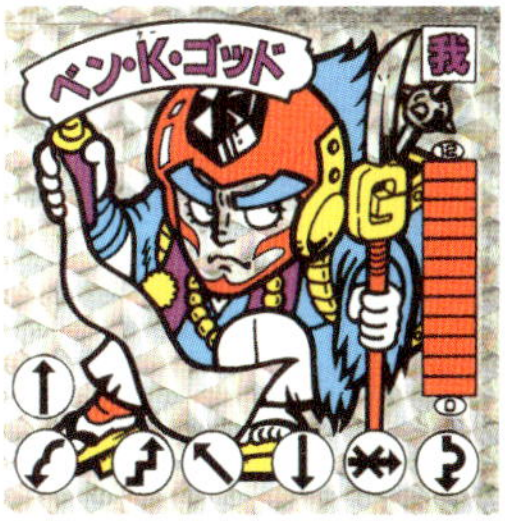

我無羅殿で修行を積み、軍団統一
に奔走するドン・ゴッドの長男

ロビン・ゴッド

額に「我無羅の星」を携えた、
ドン・ゴッド秘蔵の三男

霊女・慈恋魔

神王にフラれた腹いせから闇落ちし、
ビーナトロン軍の手先に

我無羅殿神王

神の目でプロレス界のすべてを
見通せる、神主であり守り神

星若丸

七夕の夜に神殿に落ちてきた、
B軍と深く関わる謎の少年

クロコ・ダイール

B軍を巻き込み、世界征服の
野望を企むアマゾン出身の殺し屋

シナチクQueen

永遠の若さを持つ、ラーメン軍
軍団長・ラーメンばあさんの正体

ドン・ゴッド理事長

引退した今もプロレス界に君臨し、
シーンを盛り上げる理事長

いったキラ仕様になっていて、封入率も低かった。しかし中期以降、エピソードを綴る物語シールが増えていく。Wシールがちょうどコマ漫画のような演出になっているのが特徴で、キャラしかいないほかのシールに比べると圧倒的に物語がわかりやすかった。そして本作も公取委指導の影響で、『らばあ』10弾、『ガムラ』11弾から全面リニューアル。全シールが3枚重ねのW+1シールとなり、新たに追加された真ん中の2枚目のシールは、太陽光を当てると新たな絵が登場する仕掛けが施された。

主に掲載されたメディアは『コミックボンボン』（講談社）で、記事は87年8月号から、おうたごさくが手がけた漫画が10月号から始まっている。この漫画版は当初ギャグものだったが、ロビン・ゴッド編から一気にハードになる。突然力を得たロビンがわがまま放題の悪役に闇落ちし、それをめぐって周囲も嫉妬や憎悪にかられるといった、人間の醜いエゴを描いた奇作である。

■ガムラ・らばあ1～5弾相関図

［シールの特徴］
Wシール

1枚目

2枚目

1枚目をめくると、2枚目にキャラの変化があって、パワーアップしたりする。ストーリーシールの場合、漫画のように展開が進む。

覆面軍
アイガーン大佐

片目・片手・片足がサイボーグの軍団長

対立

正規軍
ザ・スーパー・ブッダー

ヨガとエアロビを得意とするレスラーの軍団長

対立　対立　対立　対立

TV軍
岩爺

昔は象の名調教師、今はプロレス界教祖の軍団長

対立

Wタッグ軍
エクソシスターズ

ホラー映画にとりつかれた魔女の申し子。軍団長

氷河軍
ドリー・ゴッド

飛行機事故のため南極で暮らしていたドンの次男。軍団長

対立

特別救護班
Dr.Hellス

自分の体をパワーアップ手術した、ドンの主治医

面魔軍
魔神眼

悪魔と取引し、プロレス界の征服を企む軍団長

対立

ラーメン軍
ラーメンばあさん

「ラーメンばあ」の合言葉で変身する謎の老婆。軍団長

熱帯軍
長老ブラキ

血祭りにした動物の骨を鳴らす、アフリカ部族の軍団長

【物語】かつてプロレスのスーパースターだったドン・ゴッドは、現プロレス界の頂点に立つビジネストップで、愛弟子たちの軍団抗争を軸にプロレス事業を展開していた。これに新たに、Wタッグ軍団、TV《テレビ》軍、熱帯軍、氷河軍などの軍団も加わり、抗争は日に日に激化していく。また、これとは別にラーメン軍と面魔《めんま》軍の抗争も表面化。ラーメン軍軍団長・ラーメンばあさんも、面魔軍を支配する面魔家と因縁浅からぬ仲だった。

【情報】レスラーが所属する軍団は、1弾で正規軍・覆面軍、2弾でWタッグ軍が登場。『ガムラ』3弾以降は、これにTV軍といった新勢力も加わる。一方の『らばあ』3弾には新たにラーメン軍が登場し、その対立勢力となる面魔軍も4弾で現れた。そして、『ガムラ』と『らばあ』はほぼ1～2か月おきに交互に弾を更新していくことになる。また87年夏に期間限定発売された『ハッスルマッチ』では、氷河軍・熱帯軍の抗争が描かれたが、1弾のみで終了している。

■ガムラ6～8弾相関図

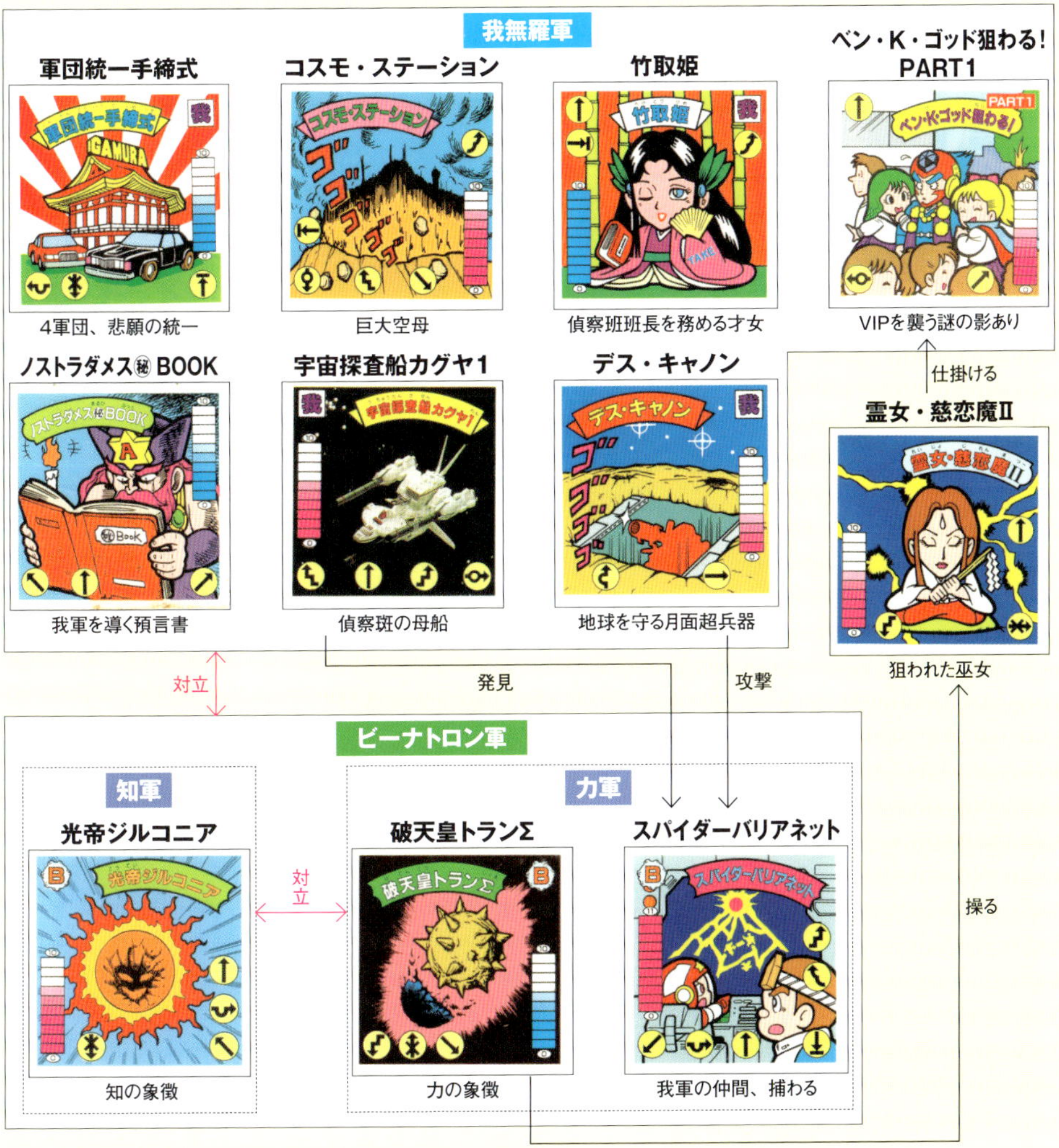

【物語】不気味に登場した宇宙からの侵略者・ビーナトロン軍の登場により、4軍団は統一されて我無羅《がむら》軍を結成。竹取姫や星若丸が率いる偵察班は先に宇宙へと旅立ち、同時に巨大空母コスモ・ステーションや特別攻撃隊コスモG5《ジーファイブ》といったメカも急遽開発され、そのあとを追った。そしてスパイダーバリアネットに囚われていた仲間の救出作戦に端を発し、ビーナトロン軍との本格的な戦闘が始まった。一方、地球ではドンの長男、ベン・K・ゴッドが襲撃され、瀕死の重傷を負う事件が発生。地球側にもビーナトロンの暗躍が目立ち始める。ビーナトロン側の情報も少しずつ判明し、破天皇《はてんこう》トランΣ《シグマ》率いる力《ちから》軍と光帝《こうてい》ジルコニア率いる知《ち》軍の2勢力があるとわかった。

【情報】『ガムラ』は6弾に大きな転換を迎え、レスラーたちがなぜか宇宙を旅しながら地球を守る、というSF路線になっていく。また、このころからトリプルシールのVIPの数が増えている。

■ラばあ6～8弾相関図

【物語】我無羅軍統一後、ドンはラーメンばあさんとのVIP会談に臨み、同盟を持ちかける。しかし、面魔家からの挑戦状をきっかけに、戦士のベルトを賭けたタイトルマッチが開催。ラーメン軍はロビン・ゴッドを、面魔軍は面魔ラザーニを大将として、5戦マッチが組まれることになり、会談はいったん中断となった。一方、探偵のカメラマン写楽《しゃらく》は、面魔家の謎を求めて、聖地である始祖の洞窟を調査。ビーナトロンと面魔家のつながりをつかみかけていた。このほかベン・K・ゴッドが行方不明だった弟ドリーの救出に向かったり、熱帯軍と氷河軍の和解のために種子島《たねがしま》平和会議もなされたりした。

【情報】この頃、四国限定販売の『ガムラツイストアイス』では、オリジナルの新規弾が登場する。とくにファンの間で話題となったのが、VIPのドリー・ゴッドだ。初めてさらした素顔があまりにイケメンで、筆者含め、知人に代理購入を頼む人も少なくなかった。

■ガムラ９弾メインストーリー

ベン・K・ゴッド入院Ⅱ

ベン・K、暗殺団の毒牙にかかる

コスモ・レスＱ作戦Ⅱ

Ｂ軍の罠にかかった大事な仲間を無事救出！

カグヤ1vsビーナトロン PART1

ワープした先に待っていたのは、Ｂ力軍だった！

カグヤ1vsビーナトロン PART2

暗黒の炎に焼かれ、必死で再ワープするも!?

光帝ジルコニア

瞑想中に、カグヤ1の大ピンチをキャッチ

宇宙神化秘文

宇宙から来たメッセージ、ベン・Ｋが受信

伝書バト羽矢斗

オペに苦しむベン・K、密書を伝書鳩に託す

我無羅殿神王

レース中の神王、緊急伝聞を受け取る

カグヤ1・時間迷路行 PART2

トランΣの力により、カグヤ1は時空の迷子に

我無羅殿ジャック PART2

人質をとり立てこもるニセ神王を、本物が撃退

特別攻撃隊・出陣式

神殿を取り返した神王、特別攻撃隊に出撃命令！

特別攻撃隊

トランΣ撃退の切り札となる5機の宇宙戦闘機

【物語】偵察班の乗るカグヤ1《ワン》は、トランΣ率いるビーナトロン力軍の急襲を受け、時空の狭間をさまようトラブルに巻き込まれてしまう。これを知ったジルコニアは、暗殺部隊に襲われて満身創痍《そうい》のベン・K・ゴッドにテレパシーで宇宙神化秘文《しんかひぶん》を伝達。さらに彼から伝書バト羽矢斗《はやと》を通じて、神王に事故が知られることとなった。ちょうどその頃、ニセの我無羅殿神王《がむらでんしんのう》＝蛾無羅殿神王が暗躍しており、一般人を人質にとって我無羅殿をジャックする事件が発生。本物の神王は偽物を倒して我無羅殿を取り返すと、すぐさま我無羅軍宇宙部隊に命令を下し、特別攻撃隊を緊急出動させた。この特別攻撃隊の駆る宇宙戦闘機5機はフォーメーションを経て、巨大ロボ・コスモG5へと合体し、戦場へと向かっていった。

【情報】「宇宙神化秘文」の3枚目は、暗号になっている。色が母音、形が子音を示すもので、解読すると「カグヤ1消失はΣのしわざ。悪の源Σを倒せ」となる。

■ガムラ 10弾メインストーリー

光帝ジルコニア

B 知軍の象徴、
ついに出撃

光帝 vs 破天皇Ⅱ

トランΣとの戦いで、
ジルコニアが絶体絶命！

特別攻撃隊Ⅱ

我軍特別攻撃隊ロボ・
コスモ G 5が到着

トランΣの最後

ジルコニア最後の力で
コスモ G5 がΣを撃破

ジルコニアの遺産

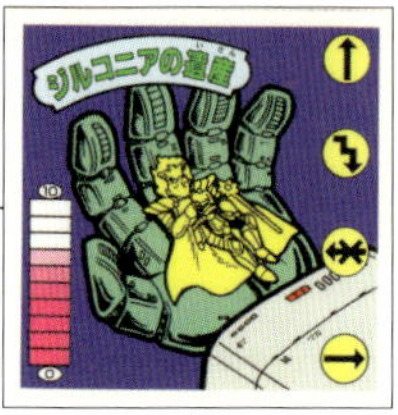

力尽きたジルコニア、
剣・冠・杖の三宝を残す

光帝ジルコニア
第1の遺言

光帝の遺言から、
星若丸の正体が判明

宇宙兄弟伝説Ⅲ

無事帰還した星若丸、
驚愕の真実を知る

光弟・星若丸

三宝を身につけた星若丸、
兄の意志を継ぐ光弟に

ベン・K・ゴッド

闇の力に精神を冒され、
ベン・K 死地をさまよう

ベン・K・ゴッド
奇蹟の復活

ベン・K、ジルコニアの
力で奇跡の復活

ジルコニア追悼式Ⅲ

命がけで仲間を救った
ジルコニアを悼む我軍

Big Fence

コスモトンネルを抜け、
B 軍本拠地への入り口に

【物語】我無羅軍の到着までの間、ジルコニアは自らもビーナトロン知軍を率いて、トランΣと戦ったが、あえなく敗れてしまった。そこに我無羅軍のコスモG5がかけつけて、見事トランΣを撃破する。そしてジルコニアから託されたメッセージから、星若丸は彼の実弟だと判明するのだった。無事時空の狭間から帰還したカグヤ1の乗員・星若丸は、その事実を知ることとなり、ジルコニアの遺物を引き継いで光弟・星若丸へとパワーアップした。一方、地球ではまたも蛾無羅殿神王が暴れる事件が起きていたが、トランΣの死亡と、本物の神王の活躍によって事態は終息。すべてはトランΣに操られていた、霊女《れいじょ》・慈恋魔《じれんま》の呪いによるものであった。

【情報】『ガムラ』10弾のVIPはプリズムにそれぞれ赤・青・黄・緑・黒の5色バリエーションが登場する。ただ、黒は光っていても暗いので、せっかくプリズムなのにあまり嬉しくない代物だった。

■ラばあ9～10弾メインストーリー

面魔軍の秘密工作指令!

タイトルマッチ前夜、
スター麺の陰謀が動く

面魔軍の秘密工作員I

ラ軍のメンバー、
工作員の罠にはまる

タイトルマッチ ベルト返還式 PART2

戦士のベルトは返還され、
リング上空で静止

タイトルマッチ第1試合

ラ軍、初戦を落とす！
原因はメカの不調か？

タイトルマッチ第2試合

ラ軍まさかの2連敗！
またも選手の不調？

面魔軍の秘密工作計画発覚

スパイの幻舞風太郎が、
面魔軍の秘密工作を発見

St. アバンメーラの星Ⅳ

シナチク Queen が
祈りを捧げ、ラ軍復活

タイトルマッチ第3試合

呪いがとけたラ軍、
ついに初勝利！

タイトルマッチ ビーナトロン乱入

面魔と結託した B 力軍、
戦争と勘違いし試合に乱入

ロビン・ゴッド

観客を守るべく、額の星が
黄金に輝いてロビン覚醒

羅亜面 Queen's

Queen を守る親衛隊、
四聖獣の力で B 軍を追放

タイトルマッチ 緊急特別会議

大僧正・神羅漢が乱戦を
収め、2か月後に再試合へ

【物語】 華々しく始まったタイトルマッチであったが、ラーメン軍は第1・第2試合と敗れる苦しい展開を強いられる。それもそのはず、面魔軍は秘密工作員を使って、ラーメン軍に呪いの罠を仕掛けていた。これを知ったシナチクQueen《クイーン》（ラーメンばあさんの本来の姿）は、守護神St.《セント》AVANMERA《アバンメーラ》の力を借りて呪いを解くことに成功。ラーメン軍は第3試合にようやく勝利をもぎ取った。歓喜に湧く一方、思いもよらぬ事態が起きる。トランΣの死亡で行き場を失ったビーナトロン力軍が、タイトルマッチ会場に乱入してきたのだ。大将を失った彼らは、地球の面魔家と手を結んだのだった。四聖獣《しせいじゅう》の力でなんとか彼らを退けたロビンたちだったが、会場は大混乱。いったんタイトルマッチは中断し、後日再開される運びとなった。一方その頃、写楽は始祖の洞窟に再び潜入し、面魔家の祖先がビーナトロンという情報をつかみ、さらに遺跡から創世古文書を奪取するのに成功した。

ジルコニア追悼試合

追悼式を見守るB知軍と
我軍、宇宙プロレスで激突

宇宙軍団同盟式

試合を通して友情がめばえ、
B知軍と我軍が共闘

巨大隕石の恐怖Ⅲ

巨大隕石が襲来、ブッダーが
命がけで出撃するも死亡

■ガムラ11～12弾メインストーリー

魔臣星NEWS

我軍の行く手を阻む、
ビーナトロン4つの守護星

救星主ホークMシア

星若丸が祈りを捧げて、
聖四銃士の1人目登場

救星主ホークMシア vs 黄獣星Γ・SⅡ

NEWSの先鋒・灼熱の獅子
戦士とホークMシアが激突

麗剣士フレアD・TⅠ

星創剣への祈りから、
ブロンドの美女剣士が出現

麗剣士フレアD・T vs 黒竜星Δ・WⅡ

美女戦士が、
古代竜に乗る黒騎士と激突

惑星探査カプセル ビジョンバード

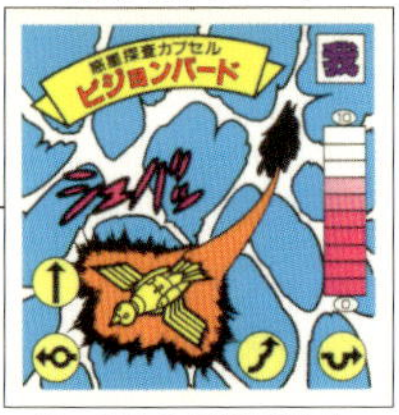

ビーナトロン解明のため、
鳥型メカが突入

母なる星・聖ビーナⅠ

ビジョン・バードが
たどり着いた星は楽園?

神星母ビーナ★スター

バード経由の通信で、
星若丸の母が姿を現す

ビーナからのメッセージⅢ

母から告げられた、
ビーナトロンの危機

【物語】ジルコニアの死を受けて我無羅軍は、ビーナトロン知軍との追悼試合を経て同盟を結成する。そして導きに応じてワープトンネルを抜け、彼らの母星である双星《そうせい》ビーナトロンへと乗り込むことになる。しかし、トンネルを抜けるといきなり超電磁の嵐が彼らを襲った。それは、NE《ニュ》WS《ース》という4つの臣星が作り出すBig《ビッグ》 Fence《フェンス》という強力な防壁であった。これを突破するべく、星若丸は祈りを捧げて聖四銃士のホークM《メ》シア、フレアD・T《ディーティー》を出現させる。そして彼らは一人ずつ、NEWSに戦いを挑んでいった。

一方、我無羅軍は戦闘でできた壁の裂け目からビジョン・バードという探査カプセルを潜り込ませ、双星ビーナトロンとの交信に成功。星若丸の実母・ビーナ★スターからのメッセージを受け取り、ビーナトロンが魔王星《ビッグダーク》と聖《セント》ビーナ星の2つに分かれており、現在聖ビーナ星も半分ほど闇化しているという事実を知るのだった。

■ラばあ11弾メインストーリー

クロコ・ダイールの野望Ⅰ

クロコ・ダイール、
B力軍を救出

クロコ・ダイールの野望Ⅱ

B力軍、進化ビームで
おそるべき生体メカに進化

M＆D連合の誕生

面魔家の過激派とダイール、
B力軍が新軍団を結成

タイトルマッチ第4試合

軍団長の魔神眼を倒し、
ラ軍はついにタイへ

タイトルマッチ第5試合

ライバルのラザーニを
吹き飛ばし、ロビン勝利！

勇者の目覚めⅠ

ラ軍勝利の試合結果に
面魔異議あり

勇者の目覚めⅡ

降伏を求める新生M＆Dの
暴虐に怒り、ロビンが覚醒

誓いへの反乱

聖なる誓いに反乱し、
M&Dが生体メカで出撃！

第2回プロレスVIP会談Ⅱ

B軍の地球出現に伴い、
G・R同盟軍ついに結成！

[シールの特徴②]
W＋1シール

1枚目

2枚目

3枚目

W＋1とはトリプルシールのことで、2枚目は紫外線を当てるとインクが浮き出る仕組みになっている。実質4コマの展開といえるわけだ。

【物語】再開されたタイトルマッチ第4、第5試合は、ラーメン軍の勝利に終わり、戦士のベルトもロビンの腰にまかれることになった。しかし、この結果に不服だった面魔軍団長の魔神眼《ましんがん》は「異議あり！」と吠えて、新たに宣戦布告する。実は面魔軍は密かに、ビーナトロン力軍を救出して生体メカ兵器化していたクロコ・ダイールと手を結び、M&D連合軍を結成していたのだ。強気の降伏を迫るM&Dに対してロビンは怒り、聖勇者として覚醒するのだった。

一方、中断していた我無羅軍とラーメン軍のVIP会談も再開され、ついにG・R同盟軍が結成される。

【情報】このG・R同盟軍の隊長はユーザーからの投票で決定されたのだが、立候補から集計途中、結果発表にいたるまでなんとシールとしてリリースしており、こうしたライブ感のある演出は本作ならではであった。また『ボンボン』と連動して行われた全日本オリジナルキャラ選手権の作品も、この弾からシール化されていった。

■ガムラ13弾メインストーリー

光雲師U-4リア

光金杖への祈りで、
第3の聖四銃士が出現

光雲師U-4リアvs赤鬼星Z・EⅡ

光の魔法師、
頑丈な岩石鬼と激突

炎天士バルカーン

火鳥・冠への祈りから、
最後の聖四銃士が登場

炎天士バルカーンvs白超星E・NⅡ

情熱の炎の戦士、
冷酷な氷雪の天女と対決

麗剣士フレアD・Tvs黒竜星Δ・WⅢ

古代竜を討ち、
麗剣士が華麗に勝利

双星ビーナトロンⅡ

2つのNEWSを倒し、
徐々にビーナの姿が見える

魔王星からの攻撃Ⅱ

闇の星から不意打ちの
レーザーが麗剣士を襲う

鳥凰・火瑠羅

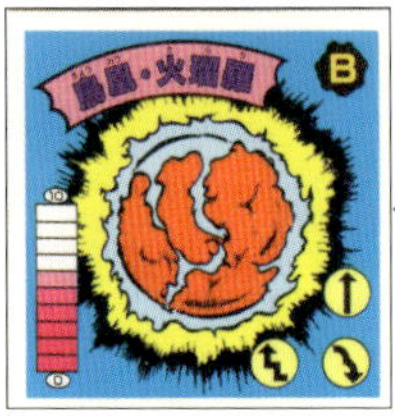

魔王星から指令を受けた、
灼熱のメカ天神鳥

襲来!ビーナ魔星軍

暗黒星から出現した流星群
より新たな強敵が登場

惑星探査カプセルビジョンバードⅡ

探査メカが再始動し、
暗黒面側を調査

惑星探査カプセルビジョンバードⅣ

ダークメカに苦戦し、
退却中の聖星軍が映る

槍聖Mリオン

聖像に槍が祀られたとき、
伝説の勇者が復活

【物語】星若丸は光雲師《こううんし》U-4リア、炎天士《えんてんし》バルカーンも呼び出し、聖四銃士が全員集結することになる。NEWS突破作戦はなおも続いており、フレアD・TがΔ《デルタ》・W《ウエスト》を打ち破ると、ビーナトロンⅡが目視確認できるようになった。すると突如、ビーナトロンの魔王星から破壊レーザーが発射され、彼女は重傷を負ってしまう。そして、魔王星から鳥凰《ちょうおう》・火瑠羅《かるら》率いるビーナ魔星軍《マスターズ》が飛来し、我無羅軍を襲ってきた。一方、聖ビーナ星では星そのものの暗黒化が深刻だった。苦しむ人々の声を受け、聖ビーナの伝説の勇者、槍聖《そうせい》M《ミ》リオンが銅像から復活。ビーナ聖星軍《スターズ》をまとめあげ、魔星軍に立ち向かっていった。

【情報】89年4月から、『GO!レスラー軍団』（東京ムービー新社）というテレビアニメが放映された。内容的には完全なギャグで、初期のコミカルさを全面に押し出したもの。主役の3人が力を合わせると「史上空前の必殺技」というキャラが登場するくだりがシュールすぎる。

■らばあ12弾メインストーリー

面魔長老伝の行方Ⅲ

面魔長老伝を奪った写楽、M&D結成式にまぎれる

面魔長老伝の行方Ⅳ

生体メカの間を逃げ、M&Dの追っ手から逃亡！

QUEEN火美子

羅亜面神殿に着いた写楽、長老伝を火美子に渡す

St.AVANMERAの封印

火美子が祈りを捧げ、聖闘神が長老伝を封印

悪の大進撃

スター麺率いるM&D軍団、総攻撃開始！

激闘! M&Dvs ロビンⅠ

M&Dの大群がロビンを包囲！

激闘! M&Dvs ロビンⅡ

ロビン、勇者の剣でスター麺を撃破！

第2回
プロレスVIP会談Ⅲ

G・R軍本部の建設を急ぎ、幹部戦士も召集！

G・R軍団長
ベン・K・ゴッド

理事長代理から軍団長という重大任務へ

G・R軍特別斥候部隊Ⅰ

新幹部に任命された6人、M&D基地を探すべく出動

G・R軍特別斥候部隊Ⅱ

斥候部隊、面魔の里へ！しかし里は廃墟に

G・R特別斥候部隊Ⅲ

2匹の超犬が捜索中の斥候部隊を導く

【物語】歴代長老が封じられている古文書「面魔長老伝」を奪った写楽は、M&D連合結成式に迷い込むハプニングもあったが、なんとか羅亜《ラー》面《メン》神殿に到着する。そして、写楽と出会ったシナチクQueenは長老伝を受け取り、St.AVANMERAの力でこれを封印することに成功した。一方のM&Dは、司令官のスター麺《めん》が生体メカ戦士たちを率いて進撃を開始。ロビンは一人でこれに立ち向かい、スター麺を倒して、彼らを退却させた。ロビンからの援軍要請を受けたドン・ゴッドは、軍団長にベン・Kを任命するなど、幹部を急編成。彼らは特別斥候《せっこう》部隊として、面魔の里に潜入してM&D軍基地の捜索を開始した。

【情報】『らばあ』12弾、『ガムラ』13弾からは、「英雄レスラー列伝」という主要キャラを振り返る描き下ろしシリーズが始まる。これは同時期に始まったアニメに合わせた企画で、レギュラーの紹介的な意味合いがあった。

Big Fence 突破!

聖四銃士の活躍で
守護星の壁を完全破壊

決戦!ビーナ魔星軍 vs ビーナ聖星軍I

我軍に襲いかかる
B 魔星軍を B 聖星軍が迎撃

決戦!ビーナ魔星軍 vs ビーナ聖星軍III

ビーナ軍同士の激突は
両軍全滅の結果に

魔王星解明I

コンピューターをフル回転、
魔王星の正体を探る

魔王星攻撃!

デス・キャノンなどの
超メカで魔王星を一斉攻撃

闇細胞カオス

魔王星から吹き飛ばされた、
邪悪な負のアメーバ

闇核星パレスター

魔王星の中心部には
最後の B 戦士たちが

壊王星ダーク・カイザー

ビーナトロン悪の総帥が
現れ、星若丸と決戦!

最後の攻防 PART2

忠星士から入手した五星球
で星若丸パワーアップ

神星王スター・カイザー

ダーク・カイザーが元に
戻り、星若丸の父復活!

新たなる出発

星若丸は母星に残り、
仲間と別れることに

完

我軍と星若丸の戦いは
終わり、物語は PART IIに

【物語】NEWS撃破後、今度は魔星軍と聖星軍が激突した。両軍は壮絶な相討ちとなったが、その間に我無羅軍は魔王星へ乗り込むべく、コスモ・ステーション、デス・キャノン、コスモG5の超ビームを集束。魔王星を覆う闇細胞《ダークセル》カオスから成る暗黒炎を吹き飛ばして、コアとなる闇核星《ダークコア》パレスターへと突入する。そして聖四銃士は壊王星《かいおうせい》ダーク・カイザーの5人の忠臣・忠星士《ちゅうせいし》を、星若丸はダーク・カイザーを打ち倒し、それぞれ本来の姿へと戻すことに成功した。元に戻ったダーク・カイザーが実は星若丸の父親であったこともわかる。戦いを終えた星若丸は王子として母星に残る決意をし、仲間と別れることになるのだった。

【情報】『ガムラ』は15弾で終了となるが、この弾は特別なシールが多い。とくに物語の終了を伝える「完」は一切キャラが出てこないが、闇細胞カオスがまだ生きており、続編の『Mk-Ⅱ』につながるという、珍しいシールであった。

■ラばあ13弾メインストーリー

面魔地底宮の秘密Ⅰ

面魔の里を捜索する
ベン・K、地底宮発見

面魔地底宮の秘密Ⅱ

面魔の地底宮には
歴代長老の石像が並ぶ

創聖神ダークB

ひときわ巨大な石像が
動き出し、襲撃

面魔地底宮の秘密Ⅲ

超犬のウル風と合体し、
明王子ベン・Kが誕生！

面魔地底宮の秘密Ⅳ

倒したダークBの石像から
宝珠・宝鏡が出現

決戦! M&D軍 vsG・R軍Ⅰ

面魔家が新部隊を編成、
猛攻に出る

決戦! M&D軍 vsG・R軍Ⅱ

勇者の碑を襲うM&D軍、
ロビンたち大苦戦

St.AVANMERA

残る火美子とロビンの前に
最終武装の闘神が登場！

ロビン・ゴッド 特別親衛隊

St.AVANMERAが出現、
古代の超勇者たちが復活

G・R同盟軍 新隊長選挙結果

読者の投票結果が発表され、
サイGOに決定！

G・R同盟軍 隊長任命式

ドンから任命書が与えられ、
戦闘隊長の座に就く

G・R軍戦闘隊長 ゴール努・サイGO

日の丸扇子、勇者のマント
などを授かりパワーアップ

【物語】ベン・K率いる斥候部隊は、さらに捜索を進めており、面魔一族の巣窟・創生山《そうせいざん》に歩を進めていた。一方のロビンは、M&D軍の猛攻をしのいでいたが、多勢に無勢。危機一髪のところでSt.AVANMERAの力で、特別親衛隊という新たな戦力を得る。またユーザー投票によって、G・R同盟軍戦闘隊長にゴール努《ド》・サイGO《ゴー》が選出された。

【情報】『ラばあ』の最後を飾る予定だった14弾は、続編の『Mk-Ⅱ』をTVアニメ『聖戦士ロビンJr.』の放映に合わせたため、発売の時期を逃してしまった。『ボンボン』誌面で紹介された「幻の14弾」の内容によれば、ロビンはM&Dを蹴散らした勢いで、そのまま創生山へと突進し、ベン・Kと合流して敵を全滅。最後には、操られたラザーニやメカ復活したスター麺、黒幕のクロコ・ダイールらが立ちはだかったが、ゴッド兄弟の活躍によって撃退。ついに戦いは終結し、ロビンと我に返ったラザーニの間で固い握手が交わされた。

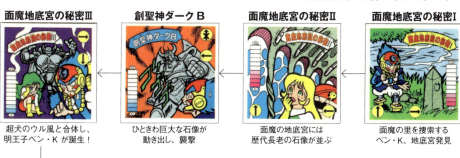

■スペシャルマッチ 21st 等の景品（我無羅八部衆）

11・5センチ四方と大きかった、懸賞品シール。2枚目はプリズムで、八部衆のパワーアップ後の姿が描かれている。

■スペシャルマッチ 21st

パワー UP シールは『ガムラ』シールの上に貼る透明シール、ID カードはキャラの詳細な秘密がわかるカードとなっている。

■スーパー＆キッズ

リアルサイズ、または SD サイズのキャラが描かれたカードで、どちらも新規描き下ろしイラスト。

■我無羅の秘宝

メタリックなグッズ。キャラだけでなく、我軍マークやホーク M シアの盾など、マニアックなパーツもある。

【こぼれ話】❶本作も関連商品が多数発売されている。順に紹介すると、88年7月頃にカネボウ食品から発売された『スペシャルマッチ21st』(最初は地域限定、のちに全国発売)。オマケはチェンジアップシールと軍団員IDカードの2つで、前者は今までのシールの上にこの透明シールを貼ると絵に変化が出て、別の物語を楽しめるというもの。後者は役職や生年月日など、人気キャラの秘密情報が書かれたカードである。また、この商品は当たりキャンペーンもやっており、大当たりまたは当たりカードを送ると、我無羅八部衆《はちぶしゅう》の特大Wシールがもらえた。もらえるシールは送る時期ごとにキャラが入れ替えとなり、総計で9種類ある。次に登場したのが、89年の2月頃発売の『我無羅の秘宝』(カネボウ食品)で、オマケはゴムブロックの中にメタル人形が入っているというもの。次に登場するのが89年7月に大阪や中国地方で販売され、のちに全国発売された『スーパー&キッズ』(カ

■TV アニメ化記念 限定版ガムラツイスト

基本的には復刻商品だが、一部のシールが素材変更され、VIP４種は新規描き下ろしのポーズとなっている。

■ラーメンダア

当時流行したカードダスと同じサイズのキャラクターカードで、絵柄はシール版と一緒。

■ラーメンばあの景品（面魔家歴代長老）

横20センチ×縦10センチの特大ホロシール。一番右が最新の歴代長老の姿、左の2つの絵が幼少期・青年期の姿となっている。

ネボウ食品）。オマケは描き下ろしのキャラカードで、タイトル通りリアル頭身タイプと、デフォルメタイプがあった（同商品でも、八部衆が当たるキャンペーンを展開）。さらに同年11月に発売された『ラーメンダア』（ベルフーズ）は、シールと同じ絵柄のキャラカードが付いている。

❷本作はアニメ放映に合わせて、『TVアニメ化記念　限定版ガムラツイスト』（カネボウ食品）という、セレクト復刻商品が発売されている。ただし完全な復刻ではなく、VIPは2枚目の絵柄違いが4種類ずつあった。2弾も発売されたが、『Mk-Ⅱ』開始直前だったため、販売時期は短かった。

❸『らばあ』のみ10弾以降、当たりキャンペーンを行っている。シール以外に封入されている「当たり券」か「補助券」3枚を集めて送ると、面魔家長老の特大シールがもらえた。こちらも送る時期によってもらえるキャラが入れ替えられ、総計3種類ある。

開運軍団VS妖怪軍団。素材の豪華さもダントツ!!

ドキドキ学園

商品名	菓子種	製菓会社	オマケシール名	単価	総弾数
ドキドキ学園チョコ	準チョコ菓子	フルタ製菓	開運軍団VS妖怪軍団	30円	24弾

最強神Ⅲをメインに、ソラソーヤ、ぬか味僧などアタック8のキャラが配された、初期のパッケージ。ココアウエハースとチョコのサンドなので、軽めで食べやすかった。

[シールの特徴] 貼り合わせると変化

妖怪

開運

開運シールは妖怪シールとポーズが同じで、貼り合わせると体の一部が透明部分で合体し、陽気なキャラに変化する。

アタック21～22の頃のパッケージ。次元最強炎神、次元最強光神などがメインに描かれている。カードとシールがオマケに付いている分、パッケージもやや横長になった。

【概要】1986年夏頃に「おばけ組」という副題でフルタ製菓から発売されていたウエハースチョコが元祖。学園キャラが描かれた蓄光シールで、暗闇で見るとおばけの絵が出るというものだった。これが86年末頃に「開運軍団VS妖怪軍団」シリーズに模様替えし、一般的に知られる『ドキ学』になる。初期は人間にいたずらする妖怪シールと、それを封印する開運シール、幸運をもたらす星座シールがあるだけで、とくに物語もなかった。

大きな転機となったのはアタック7で、「最強神《スーパーゴッド》」などのヘッド級が物語に関わるキャラとして位置づけられ、物語も弾を遡って後づけで加えられたことで、一気に世界観が濃密になった。さらにホロ以外にもプリズムやスパーク、ラックスなど、素材が非常に多彩にラインナップ。豪華さをかなり強調するのが本作の大きな特徴となった（アタックごとのシール総数も約50～60と、他商品に比べて多い）。加えて、アタック

■主要キャラクターたち

妖奇魔博

β魔術を駆使して、超マシーンや
魔獣たちを生み出す悪の科学者

次元老忍μ

次元戦艦に乗って次元ポイントμ
からやって来た謎の仙人

最強神

ハピラブ神国の危機を救うために
現れて、何度となくパワーアップ

妖奇大魔帝

4タイプに変化する、β次元
最大のパワーを持つ究極の支配者

次元創造神

最終次元ポイントZからパワーを
送るファイナルゴット

ドクター ION

すべての妖怪を倒す研究を続けて
いる、次元最高の科学者

魔邪羅源魔大帝

Δ次元の魔邪羅Δ城で、
次元最強神たちを迎え撃った大帝

ヘルゲル魔皇帝

人間界侵攻を企み、ヘルゲル魔国を
作った次元悪霊の支配者

α創聖神

妖奇大魔帝に対抗すべく、α次元の
α創聖球から誕生した創造神

8からはメーカー返送方式の当たりキャンペーンをほぼ毎弾のように採用。引換券を送るとポスターやノート、大型シール、カタログなど、さまざまなグッズがもらえた。こうした大盤振る舞いな特徴と、『コミックボンボン』が87年9月号から紹介記事を掲載したこともあって、本作は一気に人気商品にのし上がった。

そして約45日おきというハイペースな弾更新で独自路線を突き進んだ『ドキ学』もまた、公取委指導の影響を受け、指導から約1年後の89年7月、商品名を『SUPERⅡ』（アタック21時点）にリニューアル。オマケはカードとシールの2種類で、シール側は豪華素材がなくなり、その代わりカード側にプリズムやアルミキラなどが使われた（47頁参照）。『ボンボン』の記事も90年2月号でアタック21を紹介したのが最後となったが、結局90年8月発売のアタック24まで続き、総シール数1000枚超と、『ビックリ』『レスラー』に並ぶほどの長期人気商品となった。

■アタック1~7相関図

ヘルゲル魔国(妖怪軍団)

対立

猿飛佐助兵衛

トラブル海への道案内をする
妖怪諜報部員

妖怪魔王

封印された妖怪を蘇らせる、
ヘルゲルの部下

ハピラブ神国(開運軍団)

最強神 → パワーアップ → **武装最強神**

ハピラブ神国のピンチを救うために誕生した初代最強神

武装して個性化

ジャガーターボ

宇宙一重い星雲豹鎖斧で
敵を土に変える

イーグルターボ

宇宙一速い宇宙荒鷲弓で
敵を霧に変える

タイガーターボ

宇宙一飛ぶ電光虎槍で
敵を水に変える

水嶺神

地底大洋の4聖域から
生まれた、海や川の守護者

天空神

聖空域スカイフロントから
生まれた、次元大門の守護者

【物語】 聖魔歴9999年、神と邪のエネルギーが衝突し、次元ポイントαとβの誕生とともに、全次元が人間界の周囲にタイムスリップしてしまう。その一つ、次元ポイント0・源聖霊核界の中心が開運核子と悪霊核子に分裂し、それぞれの生物が誕生する。開運核子から生まれた最強神は神の国・ハピラブ神国《しんこく》を、悪霊核子から生まれたヘルゲル魔皇帝は邪の国・ヘルゲル魔国《まこく》を創建。それぞれの国では開運軍団と妖怪軍団が誕生した。

全次元征服を狙うヘルゲル魔皇帝は、トラブル海への侵攻を開始したが、12星座のホログラムビームにより撤退させられる。今度は妖怪を合体させてスパイ戦を展開し、ハピラブを大混乱に陥れるが、ついに出現した最強神によってまたも敗北してしまう。さらに最強神は次元ポイントαのパワーを受けて武装最強神(スーパーターボゴット)に変身し、天空神などを誕生させ、人間界に通じるゲートの4つを封鎖する。

■アタック8〜10相関図

【物語】残るゲートは次元大門《じげんだいもん》だが、姿を現したヘルゲル魔皇帝は妖霊火《ようれいか》山《ざん》から妖怪シスターズを誕生させ、門番だった天空神を監禁してしまう。これを受けて、最強神はそれぞれ知恵、愛の心、誠の魂、勇気を習得してパワーアップ。さらに、天才科学者・ドクターION《イオン》が開発したスーパーマシンに乗った最強神たちは、天空神たちの救出に成功した。一方ヘルゲル側では、新次元から妖《よう》奇《き》魔《ま》博《はく》が登場する。彼はβ魔術によって次々に魔物を造っており、その一つ、霊黒魔獣《れいこくまじゅう》が今度は最強神を捕らえてしまう。このピンチにハピラブ神国では季節神（シーズンゴッド）が駆けつける。そして、彼らの説得で参戦したビーナス3《スリー》などの仲間とともに、最強神を無事救出した。

【情報】最強神に引き続き、アタック8では妖怪軍団側の最強キャラ・ヘルゲル魔皇帝が登場し、これ以降開運軍団・妖怪軍団ともヘッド級キャラが多数出現する。『ボンボン』で知名度が上昇するのもこの頃だ。

■アタック11～13相関図

β次元　←対立→　**α次元**

β次元

妖奇大魔帝

4タイプに変化する、β次元究極の支配者

透明ゴーストタイプに霊変化

邪卵を産むタイプ

次元爆鬼

次元最大の爆発力を持つスーパー爆弾を製造

誕生させる↓

爆弾妖怪マイト

ダイナマイトで半径1万 m以内の生物を吹き飛ばす

β魔怪人

魔術・魔霊・魔獣・魔獄の4魔界を支配する怪人

β魔獄界人　夜美

β霊座光で底無暗黒地帯に落とす

β魔術界人　幌数光比怨

敵を石に変える、β魔術界の支配者

α次元

最強神V ――パワーアップ→ **ネオ最強神**

自ら厳しい修行を積み、αパワーでさらに変身

α次元の創聖球からスーパーパワーを授かり変身

α創聖神

シンボルタイプとバトルタイプに変わるα次元の創聖神

創聖音士

全次元の音を創造するα創聖神のバトルタイプ

創聖力神

全次元の力を創造するα創聖神のシンボルタイプ

α十二守護神

β呪術獣を倒す能力を持つ、α十二宮の守護神

α水嶺神

水嶺神が合体し、α次元のフラワー銀河に入って誕生

【物語】次元ポイントβからβメカ暴《ボー》グとβ魔生物が来襲したのを受け、最強神はαミラクルパワーによってミラクルチェンジしてこれを撃退した。さらにβ次元にさらわれたビーナス3を救うべく、β次元を次元ポイント0に引き寄せるが、その影響で次元ポイント0へと流れる妖河ができてしまう。それでも、最強神はα次元でネオ最強神にパワーアップし、4つの魔界を支配するβ魔怪人を撃退して、ビーナス3を救った。ちょうどその頃、次元爆鬼《じげんばくき》と爆弾妖怪が開運たちを急襲、開運はα次元へ避難し、妖怪もβ次元に転送されていった。こうしてそれぞれα聖貴軍《せいきぐん》、妖奇魔団となって新次元バトルへと突入した。ほどなくしてβ次元では、次元最大のエネルギーを持つ妖奇大魔帝が登場。これに対抗するべく、ネオ最強神はα創《そう》聖球《せいきゅう》からα創聖神を目覚めさせた。

【情報】アタック12から、全開運・妖怪がα次元とβ次元に移動し、戦いは新たなステージに移行する。

■アタック14～16相関図

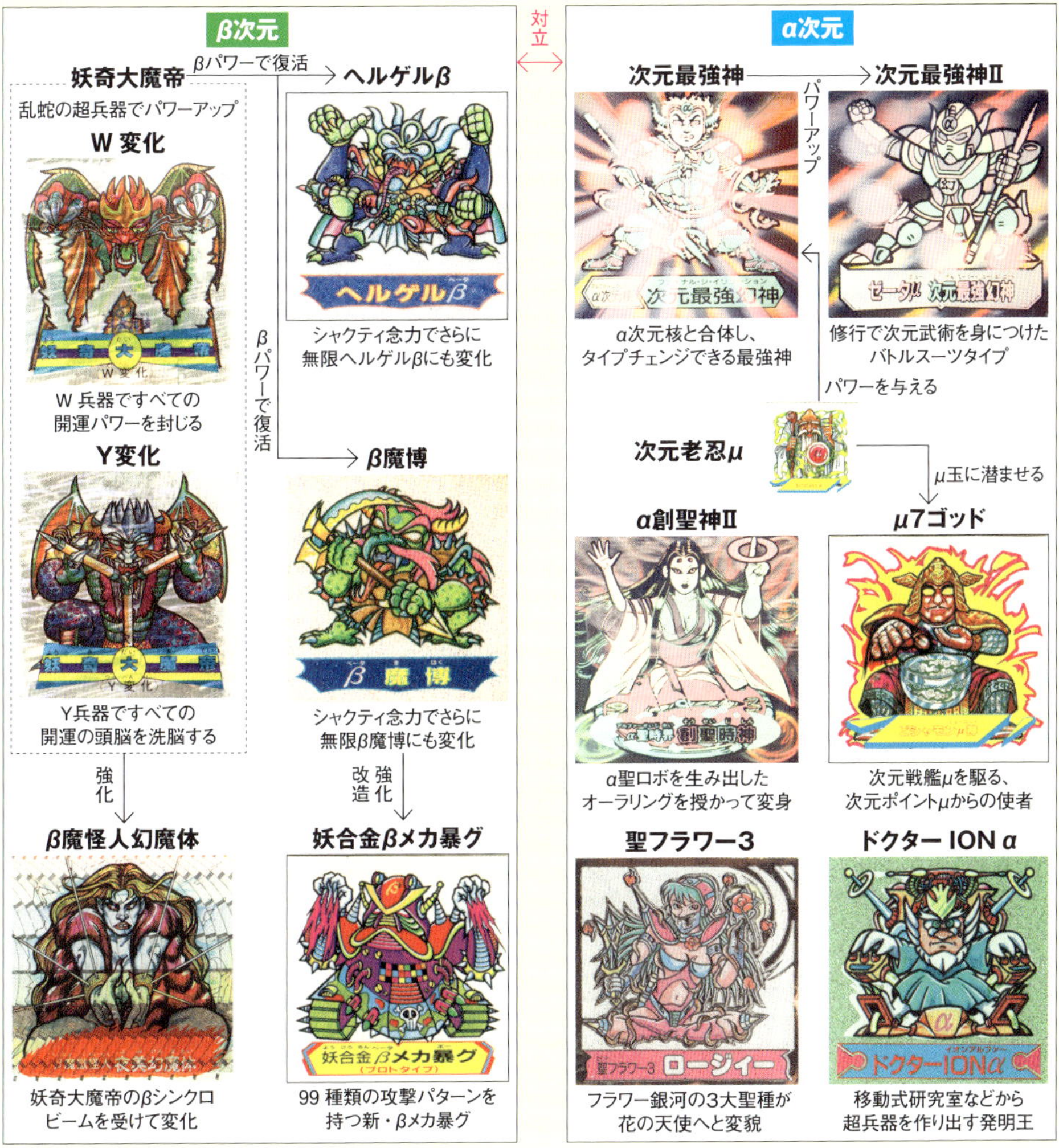

【物語】ネオ最強神を吸い込んだα次元核からは、次元最強神が誕生した。聖《セイント》フラワー3《スリー》をさらってブラックムーン＝パーティーを開いていた妖奇大魔帝はこれを迎え撃ち、彼らに邪卵《ジャラン》を植えつける。しかし、これが裏目に出て4人のα最強戦士が誕生してしまい、大魔帝は次元黒穴《ブラックホール》に撤退した。そこで大魔帝は、ヘルゲル魔皇帝と妖奇魔博にシャクティ念力を与えて復活させる。4人のα創聖神は次元黒穴への攻撃を決意するのだが、突入したα聖貴軍は途中で奇襲を受け、次元最強神も窮地に立たされる。そのとき、次元戦艦μ《ミュー》に乗って次元老忍《ろうにん》μとμ7《ミューセブン》ゴッドが出現。老忍からのμ念波を受けて、次元最強神は次元最強神Ⅱに変身し、危機を脱してα次元へと戻った。

【情報】アタック15の妖合金βメカ暴グは『ドキ学』初のトリプルシールで、めくると内部図解が見られる仕掛け。アタック16の次元老忍μとμ7ゴッドは2枚目が絵合わせとなり、8枚で次元戦艦μの全体図が完成する。

■アタック17〜18相関図

Δ次元（妖怪軍団）

魔老女乱蛇 —Δ変身させる→ 極悪ヘルゲルΔ

魔老女乱蛇

妖魔空母Δを操る、
妖獣と合体した妖魔使い

極悪ヘルゲルΔ

乱蛇の変身呪文で、
無限ヘルゲルβがΔ変身

Δ変身させる

妖怪シスターズΔ

Δ妖魔ビームを浴びて変身、
武器妖獣を従える

Δ邪鬼妖奇魔博

乱蛇の力でΔ変身し、
穴だらけの次元をつくる

Δ魔忍メカII

β魔忍メカがΔ変身し、
魔念パワーも大幅強化

デルタウルス

次元ポイントΔの
邪三界に住む悪魔生物

対立

μ次元（開運軍団）

μ最強神

次元ポイントμのプリズムパワーで合体μ変身!

μ最強幻神

幻光振動波をマスター

μ最強雷神

電磁波破壊光技をマスター

μ最強神+コメットμ

超エネルギー体・コメットμのパワーで変身

μ最強幻神+コメットμ1

μ最強幻神が念幻コメット
サーベルで武装

μ最強雷神+コメットμ3

μ最強雷神が念雷コメット
シューターで武装

μシーズンゴッド

μ7神のスーパーパワーを
受けてパワーアップ

μモビール

次元戦艦μに搭載された、
μの秘密モビール

【物語】β次元のほうでも、Δ《デルタ》次元から魔老女乱蛇《まろうじょランダ》という新戦力が出現しており、β・Δ連合軍が誕生。彼女は妖奇大魔帝に4つの超兵器を与えたり、無限ヘルゲルβや無限β魔博をΔ変身させていた。こうした動きを見て、次元最強神は次元戦艦に乗り込み、次元黒穴へ出発。次元ポイントμで、最強神はμ最強神へと変身を果たす。一方、次元ポイントμの楽輝楽気《ラキラキ》神国には謎の超エネルギー体「μコメット」があり、次元ポイントΔにはΔパワーを増幅させる「Δストーン」があると伝えられる。最強神は、そのμコメットを発見してパワーアップ。次元ポイントΔの強敵たち、デルタウルス、プレイングサタンなどと激突した。

【情報】アタック17からμ次元とΔ次元の戦いに移行し、それに伴い、最強神も角度によって絵柄が変わるチェンジホロが登場する。またアタック18では、物語に出てくる「μコメット」「Δストーン」がシール表面に追加されたバージョンがある。

■アタック19~20相関図

Δ次元

（対立 ⟷ μ次元）

魔邪螺源魔大帝

Δ城中心部に鎮座する大帝

源魔大帝・飛竜

竜翼を武器に持つタイプ

源魔大帝・卵竜

竜液を武器に戦うタイプ

源魔大帝・炎竜

竜火炎を武器に戦うタイプ

魔邪螺始皇帝

4タイプに変化する、魔邪螺帝国の創造主

魔邪八異徒II世

暗黒次元XXを創造したとされる暗黒妖怪の一人

旧次元ヘッド

源魔大帝の洗礼を受け、魔邪螺城に旧ボスが復活

μ次元

Zμ最強神 → パワーアップ → **次元最強進化神**

封印が解かれた、ZコメットのZパワーを浴びて変身

Zパワーで変身した最強神、2タイプにチェンジ

（次元創造神 → パワーを与える → Zμ最強神）

聖フラワー3μ

テクノ神帝が作ったスーパーマシンを駆る花の天使

次元創造神

Zパワーを発信する、全次元を統治する創造神

楽輝楽気8神帝

魔邪螺壊滅に立ち上がった戦士

念力神帝

念力の集中で超合金剣を作る

方位神帝

方位を自在に転換できる

【物語】次元ポイントμの楽輝楽気神国では、Z《ゼータ》コメットの封印が解かれた。その力で変身したZμ最強神たちは、次元ポイントΔの魔邪螺《マジャラ》帝国へと攻め込む。魔邪螺Δ城一帯では、魔邪螺帝国の創造主・魔邪螺始皇帝の奇襲を受けるが、次元創造神阿陀夢《アダム》の助けで最強神はパワーアップし、なんとかこれを退けた。そして彼らは魔邪螺Δ城に突入し、Δ妖怪シスターズなどの強敵を撃退し、ついに中心部にたどり着く。最後のボス・魔邪螺源魔大帝《げんまたいてい》は魔邪螺四天王や旧次元ヘッドなどとともにこれを迎え撃ったが、旧次元ヘッドは楽輝楽気最強軍に敗北。最後に魔邪螺四天王が捨て身の攻撃を仕掛けると、その隙に源魔大帝はΔ城の天辺《てっぺん》をドリルに改造し、暗黒の次元ポイントXX《ダブルエックス》へと脱出してしまった。

【情報】μ次元とΔ次元の戦いはアタック20で終了し、逃げた源魔大帝と追う最強神がまた新次元に向かう展開となる。しかし以降の物語は『ボンボン』の記事もなく、情報は乏しい。

■アタック21～24相関図

XX次元（妖怪軍団）

対立

Z次元（開運軍団）

暗黒大総帥

9つの姿にチェンジできる、暗黒大地国のボス

暗黒魔邪螺源魔大帝

XX次元の暗黒大地国に逃げ込んだ源魔大帝

次元最強神 → **最強神スパーク**（パワーアップ）

Z次元の太陽圏でパワーアップした最強神

Wフラッシュビームを発射する武者姿の最強神

妖女帝カーラ

次元最高の魔力をくり出す、暗黒大地林の女帝

妖奇魔博 Jr

父以上の悪知恵が働くと噂の、妖奇魔博の息子

デュオ最強神

デュオの称号を持っている、双子の最強神

天聖太陽神

謎の守護コマンドを持つシャングリラ神国の最高神

暗黒妖奇大魔帝

暗黒大総帥から暗黒の称号授かった妖奇大魔帝

妖怪シスターズD

暗黒大総帥のパワーで目覚めた妖怪シスターズ

ドクター ION Jr

父以上の頭脳を持つと評判の、ION の息子

シャングリラ五銃士

暗黒に光を与える、シャングリラ神国の若武者

【物語】次元ポイントXXには暗黒大総帥が支配する暗黒大地国《だいちごく》が、次元ポイントZには天聖太陽神を擁するシャングリラ神国があった。源魔大帝を追った最強神は暗黒大地国に迷い込んでしまうが、シャングリラ五大天《ごだいてん》が彼らを救出し、シャングリラ神国へと導いた。最強神たちは天聖太陽神の力でパワーアップし、シャングリラ侵攻を企む暗黒大地国軍を退ける。ここにまた新たな次元バトルが幕を開け、そこにはあのドクターIONの息子や妖奇魔博の息子、さらには聖フラワー3や妖怪シスターズなどの姿もあった。

【情報】右記の物語は、ほぼアタック21と22のみである。というのも、この頃は当たりグッズの一つ、「ドキ学タイムズ」という新聞で、「前の弾」の物語が解明されていた。しかし、アタック23はアタック20の復刻であり、アタック23で登場予定だったキャラがスライドしたのがアタック24のため、「ドキ学タイムズ」のような物語がわかる資料がないのだ。

■ビデオ『ドキドキ学園』

ビデオ屋ではなく、玩具店などで発売。パッケージには、次元最強幻神と妖奇大魔帝、フェブリンと灼熱邪生物などの姿が見える。

■ドキドキ学園 SUPER Ⅱ スーパーバトルカード

シールとともに入っていたカード。アタック22のみ、カード用に新規描き下ろしのイラストになった。

■ドキドキ学園ラムネ

オマケのスタンドは中に窪みがあり、そこに付属シールを入れ、足付きの蓋を閉めることで完成する。

■ドキドキ学園チョコ

ドキドキ学園のシール2枚と、塩ビ人形1つがオマケとしてついていた商品。パッケージには、珍しくヘルゲル魔皇帝が中央にいる。

【こぼれ話】❶『ドキ学』も関連商品がいくつかある。最初に登場したのは、チョコチップクッキー版。のど飴とのカップリングで、88年1月頃に近畿地区限定で発売された。シール自体は通常版と変わらない。次が88年9月頃に発売された、100円の『ドキドキ学園チョコ』。箱タイプで、オマケとして『ドキ学』キャラをかたどった消しゴム人形と、シールが2枚ついていた。こちらもシール自体は同じだが、人形の方は2弾まで更新された。50円の『ドキドキ学園ラムネ』も箱タイプで、オマケはアーチ型や正方形などの小さめなシールと、それを入れるプラ製スタンドのセットだった。

❷88年9月に、OVA『ドキドキ学園 決戦!! 妖奇大魔城』(バンダイ)が発売されている。妖奇大魔帝にさらわれた聖フラワー3を救出するべく、α十二守護神たちが向かうという内容で、アタック14が元になっている。また本商品には、次元老忍μのオリジナルシールがついていた。

キャラが複雑に入り乱れ、漫画版も人気だった忍者バトル!!

秘伝忍法帳

商品名	菓子種	製菓会社	オマケシール名	単価	総弾数
秘伝忍法帳	ヨーグルト味、クリーミー・ソーダ味アイス	エスキモー	忍者シール	50円	12弾

抗争をしている影王ハヤブサと、闇王おろち＆月光大狼がロゴを挟んで対決している、ヨーグルト味のパッケージ。

[シールの特徴]
素材でわかる忍者の位

上忍

下忍

陽明流、月影流の忍者たちは、いくつかの階級があり、銀バックの上忍のほうが、下忍よりも位は高い。

クリーミー・ソーダ味のパッケージでは、灼彗冥王と闇王おろち、牙蛇羅がなぜか激突するという構図になっている。

【概要】1987年5月頃から発売された、シールブーム初期の商品。発売元はエスキモー（森永乳業のブランド名）で、アイスのオマケシールとしては先駆け的な存在である。物語は、架空の世界・妖忍界《ようにんかい》を舞台とする忍者もの。月影流《つきかげりゅう》と陽明流《ようめいりゅう》が争っている設定で、それぞれに所属する忍者たちは、位によって下忍・上忍・首領などに分類されている。このほかに謎の流派として、主人公・雷王白獅子《らいおうしろじし》などがいるのだが、彼と敵対勢力である妖魔暗黒軍との戦いがメインとなっている。このため、パロディ色の強い下忍・上忍たちと、シリアスな物語とのギャップが激しい。また、当たりシールシステムを初期から導入しており、メーカーに送るとシールカタログになっている巻物（1〜3弾カタログと4〜6弾カタログの2種類あり）や、缶ペンケース（初期は妖忍界マップ、後期は妖魔皇帝のワイドホロシール入り）がもらえた。

メディア展開は『コミックボンボ

忍王烈皇大帝

妖魔軍の毒牙にかかってしまった、妖忍界を統治していた王

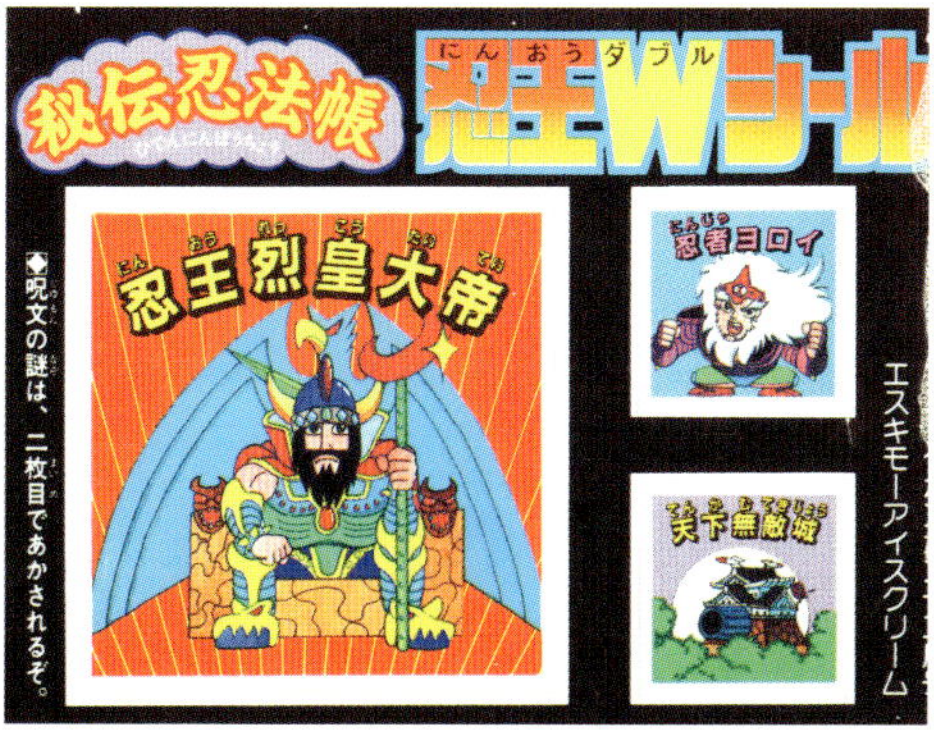

■主要キャラクターたち

雷王白獅子

妖忍界の危機に立ち上がり、妖魔の手先と戦う忍王の実子

妖魔皇帝

3つの体を持つ、妖忍界の支配を企む妖魔暗黒軍の大ボス

魔紫亜

梅姫に化けて忍王たちの暗殺を企んだ、妖魔暗黒軍の紅一点

牙蛇羅

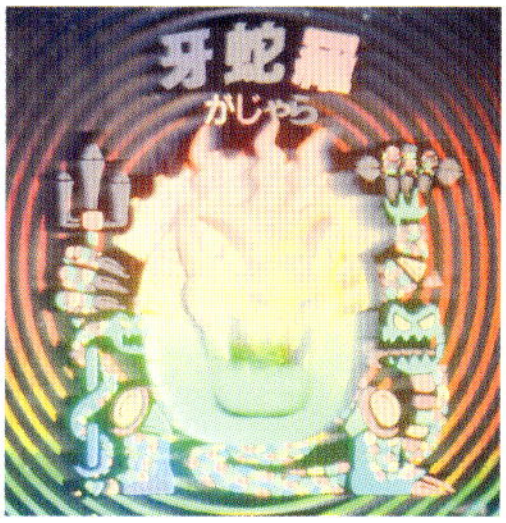

冷康とともに妖忍界を戦乱に陥れた、暗黒忍法の使い手

ドクター・ホイ

重症を負ったハヤブサとおろちの命を救った、超一流の名医

ン』が全面的に協力しており、87年6月号から漫画連載がスタートし、紹介記事で情報を補っている。しかも、87年12月号では『ボンボン』本誌の付録として忍王烈皇大帝《にんおうれっこうたいてい》のオリジナルWシールがつくなど、プッシュの度合いもかなり強かった。ちなみに漫画版を担当したのはシュガー佐藤。漫画版は基本的にシールに沿ったものなのだが、敵だった魔《ま》紫《し》亜《あ》を白獅子が助け、共闘するなどの違いも見られた。

そんな本作も、公取委指導の影響を受け、88年11月頃登場した11弾でリニューアル。ホロやプリズムはなくなったが、「雷王白獅子」など新規のヘッド級キャラはすべてアルミキラになった。しかもキャラはリアル等身で、物語寄りのリアルタッチに変更された。ただし88年12月頃発売の12弾で商品は終了している。『ボンボン』での記事連載は2月号で、漫画も4月号で完結。未完が多いオマケシールの中では、珍しくちゃんと終わったシリーズである。

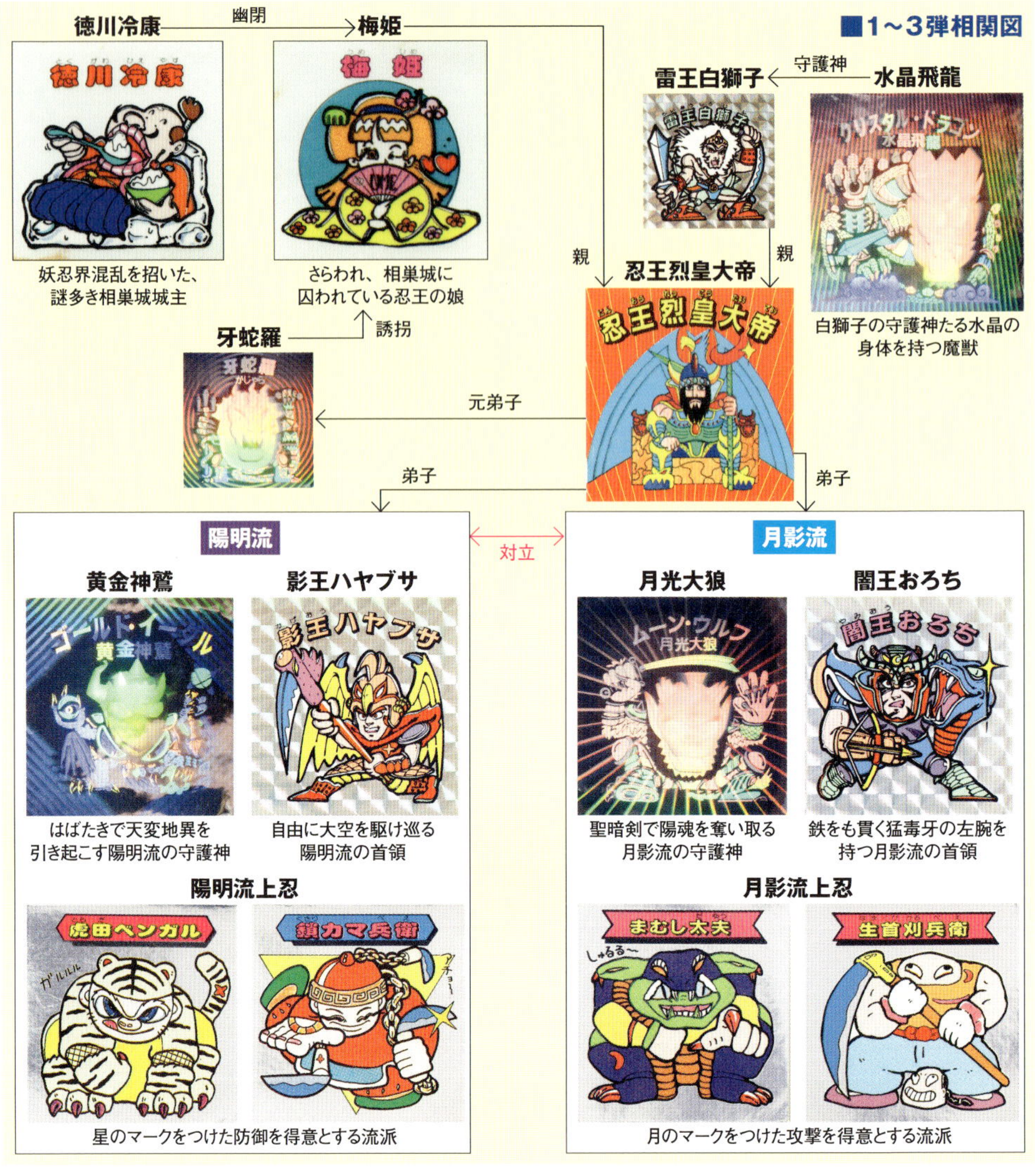

【物語】忍王烈皇大帝が統一する妖忍界は、陽明流が守り、月影流が攻めの忍者部隊として組織され、長らく平和が保たれていた。しかし、そこへ謎の人物・徳川冷康《ひえやす》が現れ、忍王の弟子・牙邪羅《がじゃら》を軍門に下らせ、さらに忍王の娘・梅姫を誘拐してしまう。

忍王の息子・雷王白獅子は忍王とともに冷康の城へ向かうが、牙邪羅の罠にかかり、逆に捕らわれてしまった。雷王白獅子の命も危なかったが、守護神・水晶飛龍《クリスタル・ドラゴン》のおかげで脱出に成功。しかし戻ったときには妖忍界は混乱に陥っていた。冷康が流した偽の情報に踊らされた影王ハヤブサ率いる陽明流と、闇王おろち率いる月影流は、お互いに相手が忍王を殺したと誤解し、戦い始めてしまったのだ。

【情報】忍者の位によってシール素材が異なり、下忍がノーマル、上忍が銀バック、首領がプリズム。黄金《ゴールド》神鷲《イーグル》や月光大狼《ムーン・ウルフ》など流派の守護神がホロとなっている。

■4～5弾相関図

【物語】牙蛇羅の罠によって妖忍界を離れ、外界を旅していた灼彗冥王《しゃくすいみょうおう》と鬼羅左右人《きらソード》は、忍王からのテレパシーでその危機を知る。彼らは魔物たちの攻撃を退けながら、なんとか妖忍界へと帰還。しかし、すでに影王ハヤブサと闇王おろちは牙邪羅に敗れており、重傷を負ってしまっていた。一方の白獅子は、灼彗冥王、鬼羅左右人と合流し、荒照海《あれてるかい》の大渦の下に沈んでいた忍者黙示録を手に入れてパワーアップを果たす。そして牙蛇羅を倒すとともに、忍王の救出にも成功した。しかしこうしている間にも妖魔界からの侵略は激しさを増しており、冷康一派、幻無《げんむ》族や恐獣《きょうじゅう》族、さらに牙蛇羅の後継となる邪飛威羅《じゃひいら》といった新たな刺客が次々に出現していた。

【情報】この頃から妖忍界の破滅を目論む妖魔暗黒軍のメンバーが急拡大するが、牙蛇羅はホロ、蛇飛威羅はプリズム、冷康一派は蛍光シールと、格上とわかる豪華素材が使われている。

■6〜8弾相関図

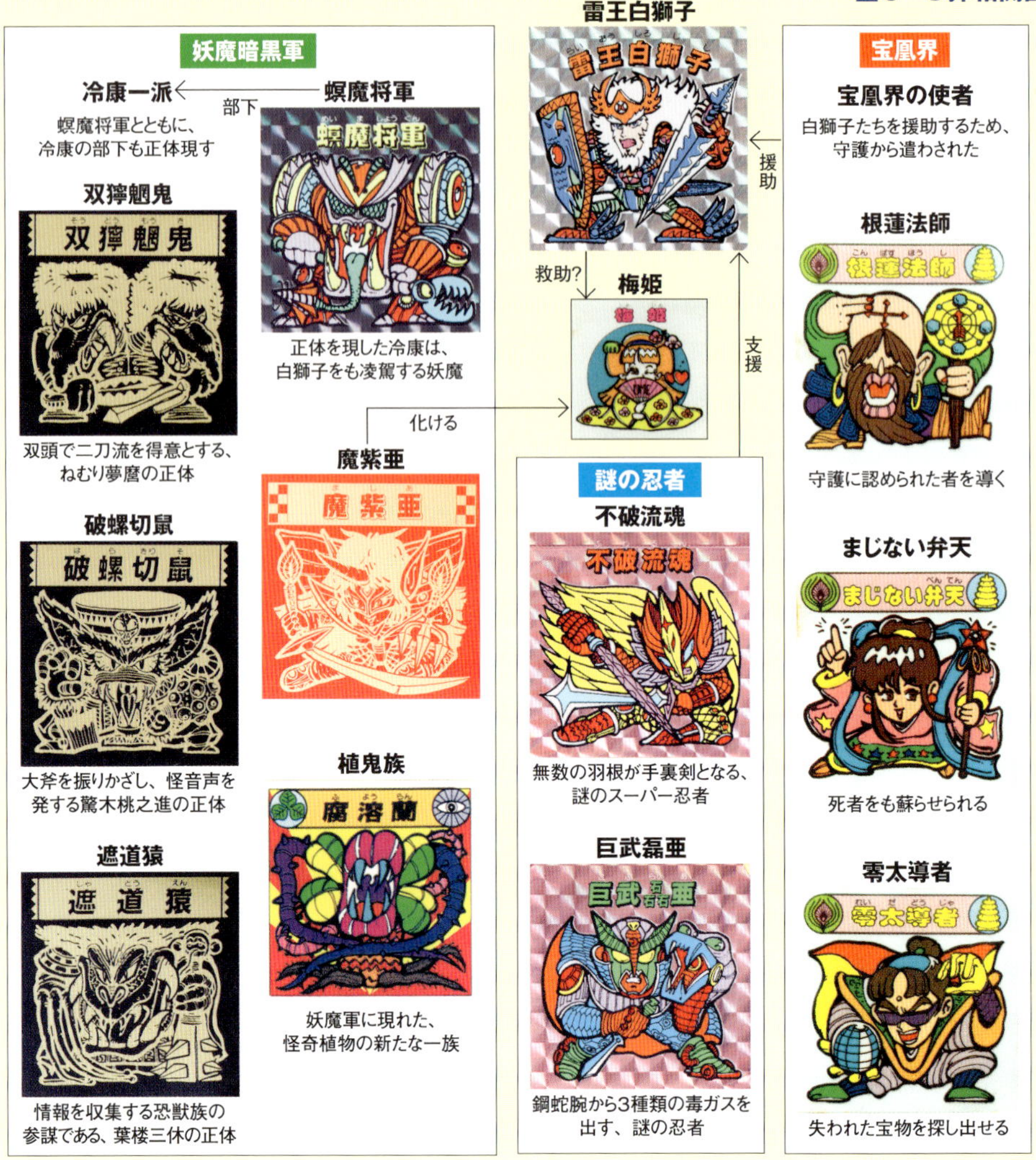
妖魔暗黒軍
冷康一派
部下
蜈魔将軍
蜈魔将軍とともに、
冷康の部下も正体現す
双獰魍鬼
双頭で二刀流を得意とする、
ねむり夢魔の正体
正体を現した冷康は、
白獅子をも凌駕する妖魔
破螺切鼠
大斧を振りかざし、怪音声を
発する鷲木桃之進の正体
化ける
魔紫亜
遮道猿
情報を収集する恐獣族の
参謀である、葉楼三休の正体
植鬼族
魔溶蘭
妖魔軍に現れた、
怪奇植物の新たな一族
雷王白獅子
救助?
梅姫
支援
援助
謎の忍者
不破流魂
無数の羽根が手裏剣となる、
謎のスーパー忍者
巨武磊亜
鋼蛇腕から3種類の毒ガスを
出す、謎の忍者
宝凰界
宝凰界の使者
白獅子たちを援助するため、
守護から遣わされた
根蓮法師
守護に認められた者を導く
まじない弁天
死者をも蘇らせられる
零太導者
失われた宝物を探し出せる

【物語】 徳川冷康がついに正体を現して蜈魔《めいま》将軍となり、冷康一派も妖魔暗黒軍として正体を現した。蜈魔将軍は謎の女戦士・魔紫亜や植鬼族《しょっき》など、次々に新戦力を呼び寄せ、侵攻の手を緩めない。とくに将軍の圧倒的なパワーの前には、白獅子も苦戦を強いられたが、そこへ謎の戦士・不破流魂《ふわるこん》と巨武磊亜《こぶらいあ》が現れ、彼のピンチを救う。彼らの正体は、ドクター・ホイによって死の淵から蘇ったハヤブサとおろちであった。さらにこうした妖忍界の危機に対し、守護たちがいる世界・宝凰界《ほうおうかい》からも、白獅子をサポートするために3人の使者が登場する。

【情報】 もともと本シールは男キャラが圧倒しており、女キャラが極端に少ない。そのため、この頃に登場した敵の女戦士・魔紫亜は、実はかなり目を引く存在であった。漫画版では白獅子とのラブロマンスを経て妖魔暗黒軍を裏切るという独自展開があったが、変化をつけるいい素材だったのかもしれない。

■9～12弾相関図

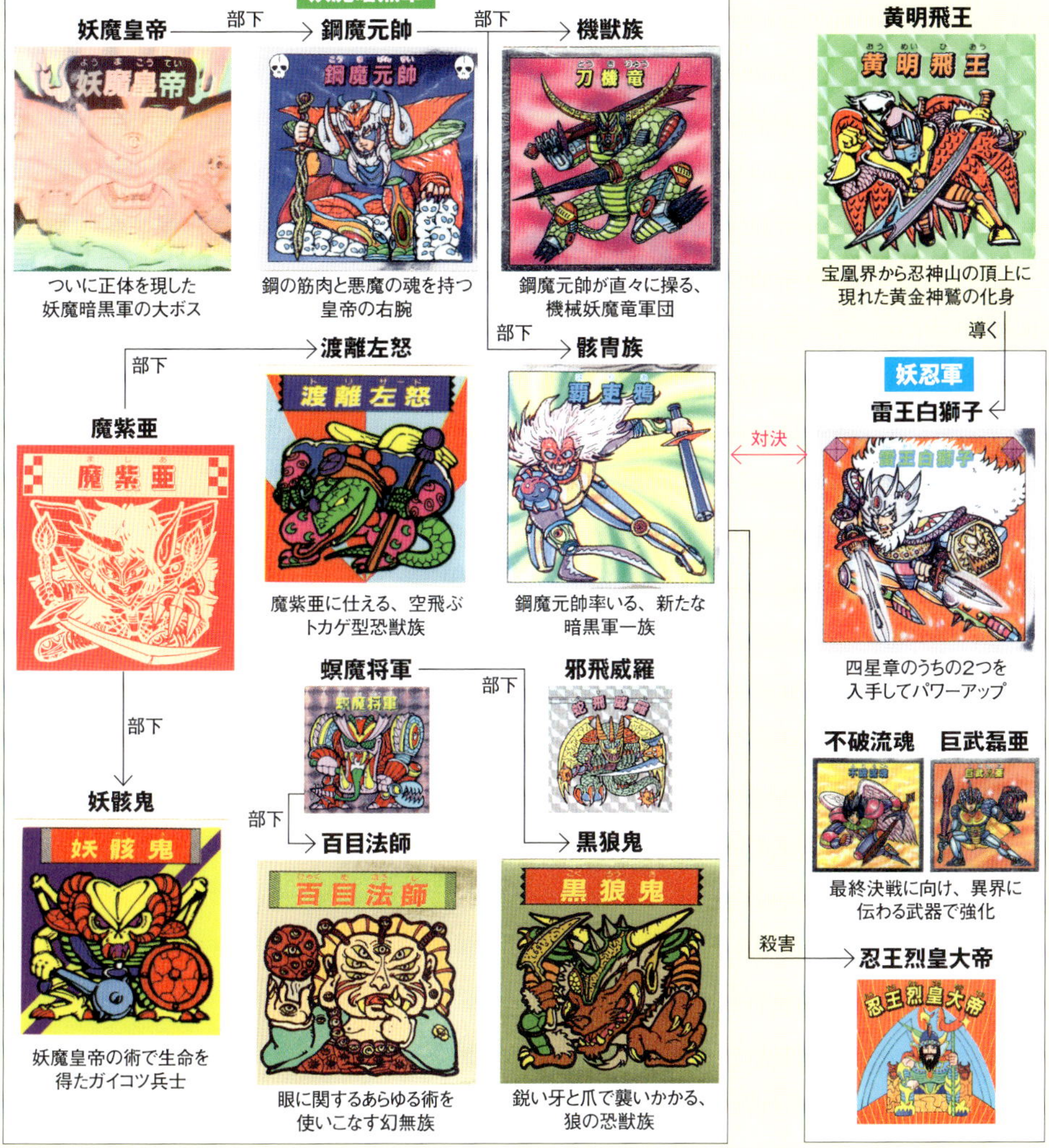

【物語】妖魔暗黒軍の首領、妖魔皇帝がついにその姿を現した。これに伴って、右腕の鋼魔《こうま》元帥や骸冑族《がいちゅう》、機獣族《きじゅう》といった新種族、魔紫亜の部下たちなど、妖魔暗黒軍の新戦力が次々に登場する。一方の雷王白獅子は、黄金神鷲の化身である黄明飛王《おうめいひおう》の導きによって、宝凰界で最終形態にパワーアップした。不破流魂と巨武磊亜も超変身を果たし、白獅子とともに妖魔界へと突入。妖魔皇帝は魔神《ましん》・滅神《めっしん》・壊神《かいしん》と、3つの身体に分裂する強敵だったが、見事白獅子たちはこれを打ち破り、妖忍界はようやく平和を取り戻すことができた。

【情報】88年9月にOVA『秘伝忍法帳　白獅子五番勝負　五重島の戦い』(バンダイ)が発売されている。二つに割れた謎の石盤・忍戒石をめぐって、白獅子と妖魔暗黒軍が戦うというオリジナルストーリーで、白獅子の偽物・黒獅子や甲冑魔神といったビデオだけのオリジナルキャラも登場する。本商品には甲冑魔神のオリジナルシールも付いていた。

全シールがキラキラ光る。派手な見た目が売りだった!!

ハリマ王の伝説

商品名	菓子種	製菓会社	オマケシール名	単価	総弾数
ハリマ王の伝説チョコ	準チョコ菓子	カバヤ食品	超現魔界戦シール	30円	9弾

宇宙大王、幻魔ギーガー王がいる後期版パッケージ。宇宙大王のポーズが変わり、紫外線シールの説明も表記されている。

宇宙大王をメインに、占い死ビロス、超翼スカイホンといった1弾キャラが描かれた初期版パッケージ。チョコの中にクランキーパフが入っており、サクサクとした食感が人気だった。

チョコ版パッケージに悪魔大王が加わったガム版。なぜかどのパッケージも、主人公のハリマ王自身は頑なに出てこない。

スナック版パッケージでは、悪魔大王、占い死ビロス、怪魚ランタムと1弾の魔界獣が多数登場する。

【概要】 カバヤ食品が1987年10月頃から発売したブーム初期の商品。お菓子は、円形のチョコの中にパフが入っているタイプ。舞台ははるか大昔、正義の世界（現界）と悪の世界（魔界）に分かれていた超現魔界である。現界を支配する現界獣と魔界を支配する魔界獣はそれぞれのテリトリーを守っていたが、2つの世界を統括していた先代ハリマ王が不在となり、戦いが始まる。ヘッド級の「ハリマ王」はプリズムまたはホロで登場し、それ以外はすべてアルミキラとなっている。見た目はかなり派手なラインナップだったことから、人気を博した。

『コミックボンボン』の他に『わんぱっくコミック』（徳間書店）でも88年5月号から紹介記事を開始し、翌号から漫画版も連載された。作者は水越かりんで、内容はギャグ漫画。一応ハリマ王が主役だが、転生のたびに性格が変わるのでトラブルメーカーに近い。ハリマ王バトルまで登場したが、雑誌休刊のため打ち切りとなる。

[シールの特徴]
合体の妙

現界獣

超界獣

魔界獣

魔超獣

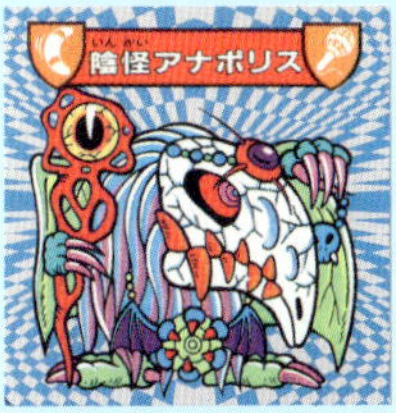

超界獣、魔超獣はそれぞれ現界獣、魔界獣が2体ずつ合体した姿になる。その組み合わせは、通し番号順となっている。

■1～2弾相関図

ハリマ王フェニックス ←転生― ハリマ王

ハリマ王フェニックス

初の転生で強化された、情熱の象徴

ハリマ王

超現魔界を統べる存在だが、まだまだ未熟

パワーアップさせる↓

現界獣軍

宇宙大王

7つの現界宇宙を支配する神王キング

勇者レオマン

心技体の総合力で実力ナンバー1

超棒テクノウス

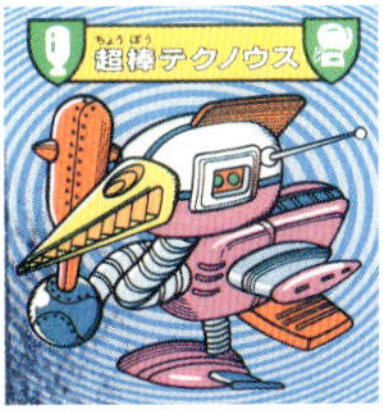

テクノバットで相手を殴り倒す超界獣

↕対立

魔界獣軍

悪魔大王

宇宙の略奪支配を企む7つの魔界宇宙の王

悪武人ハッカー

馬蹄輪投げ魔界チャンプでもある魔武人

面怪コワモテーノ

恐怖の顔で現界獣を釘付けにする魔超獣

【物語】先代ハリマ王が最終王界転生したため、それに乗じて魔界獣たちが悪事を働き始めた。そんなさなかのHR《ハリマ》元年、宇宙聖地ゴルゴダに天王界から遣わされた2代目のハリマ王が誕生。彼は超現魔界の王・超王《スーパーキング》神《ゴッド》になる存在だったが、まだ力不足だった。それを見抜いた魔界獣のボス・悪魔大王は、領土拡大のために侵攻を開始した。そこでハリマ王は超界放出をして、宇宙大王率いる現界獣たちを合体合身で超界獣へとパワーアップさせる。HR1000年、ハリマ王は情熱の象徴・ハリマ王フェニックスへと転生した。ところが、その転生中にハリマ宮殿から超界書が盗まれる事件が発生し、魔界獣も合体で魔超獣化できるようになってしまった。これを受けて、フェニックスはハリマニアン計画で最終兵器の開発に取り組むこととなる。

【情報】物語の中心となるハリマ王は、存在そのものがかなり特異。千年ごとに転生するたびに、キャラそのものがいわば別人格となる。

3～5弾相関図

【物語】HR2000年、フェニックスはハリマ王マドンナへと転生する。魔界獣にも愛を説く彼女は、ハリマニアン計画を中止させてしまう。これを受けて、魔界獣たちは悪魔大王を蘇らせてしまった。HR3000年、マドンナが転生促進波《てんせいそくしんは》を待っていると、悪魔大王が攻撃。隙をついて大王が転生促進波の中に入ったことで、デビルハリマ王が誕生してしまう。HR4000年、デビルの猛攻で邪悪に満ちた超現魔界を見たマドンナは、ハリマ王バトルへと転生。闘神として、魔界獣たちを駆逐していった。

【情報】4弾からは新たに魔界獣勢力のデビルハリマ王が誕生し、これ以降は2人のハリマ王が激突する展開となる。4弾では現界獣・魔界獣の中にも、プリズムなど特殊素材を使用した「炎雄《えんゆう》ベスビオ王鳥」「幻魔ギーガー王」などのキャラが登場した。ただ、これらのキャラはほとんど物語に絡んでこず、なぜレア扱いなのか、今もってわからない。

■6～7弾相関図

サターンハリマ王

2度目の魔界転生!
第1の顔は角つきタイプ

杖の目がまばたきすると、
耳が大きい第2の顔に

↔ 対立

ハリマ王モーゼス

初代と同じ顔・第1の顔を
表した預言者

第2の顔でアテナイの丘にて
戦闘終結を予言

魔界獣軍

超魔サタネス

死後のゾンビ・ワールドを
異次元支配

悪魔帝王

額にある口で
敵の脳を食いつぶす

魔鈴キャゾン

どくろ鈴を鳴らして
死霊猫化身を召喚

魔睡シャーム妃

三眼猫目杖から
トリプル催眠波を放出

↔ 対立

現界獣軍

超快パスネル

サイキック超能力で
異次元タイム旅行

超宇宙大王

キング・トロンミサイルで
惑星を破壊

超玉ジーナス

おてだま陽イオン爆弾で
戦う超獣

愛剣レナ王女

ハート愛剣で
敵の戦意を喪失させる

【物語】HR5000年、デビルは不退転玉星《ふたいてんぎょくせい》を投げてバトルを金縛りにし、2回目の魔界転生でサターンハリマ王となる。怨念宇宙の想念を支配するサターンパワーを手に入れた彼は、デビルゾンビを蘇らせ、悪魔帝王を中心としたデーモン軍団を作り上げた。一方、現界獣側でも、超《スーパー》宇宙大王がパワーアップし、超宇宙大王になるなど戦力強化を図ったが、倒しても倒しても出てくるデーモン軍団には苦戦していた。HR6000年、泥沼状態の超現魔界を見た超王神（先代のハリマ王）は、転生促進波にサターン幽閉に必要な安息極楽光線《あんそくごくらくこうせん》を付加し、バトルはハリマ王モーゼスへと転生した。そしてモーゼスは安息極楽スペクトを背負い、アテナイの丘で戦いを終わらせるための大予言をした。

【情報】サターンハリマ王とハリマ王モーゼスは、角度によって違う絵柄に見える仕掛けがある。例えばモーゼスなら、若者の顔と老人の顔、といった具合だ。

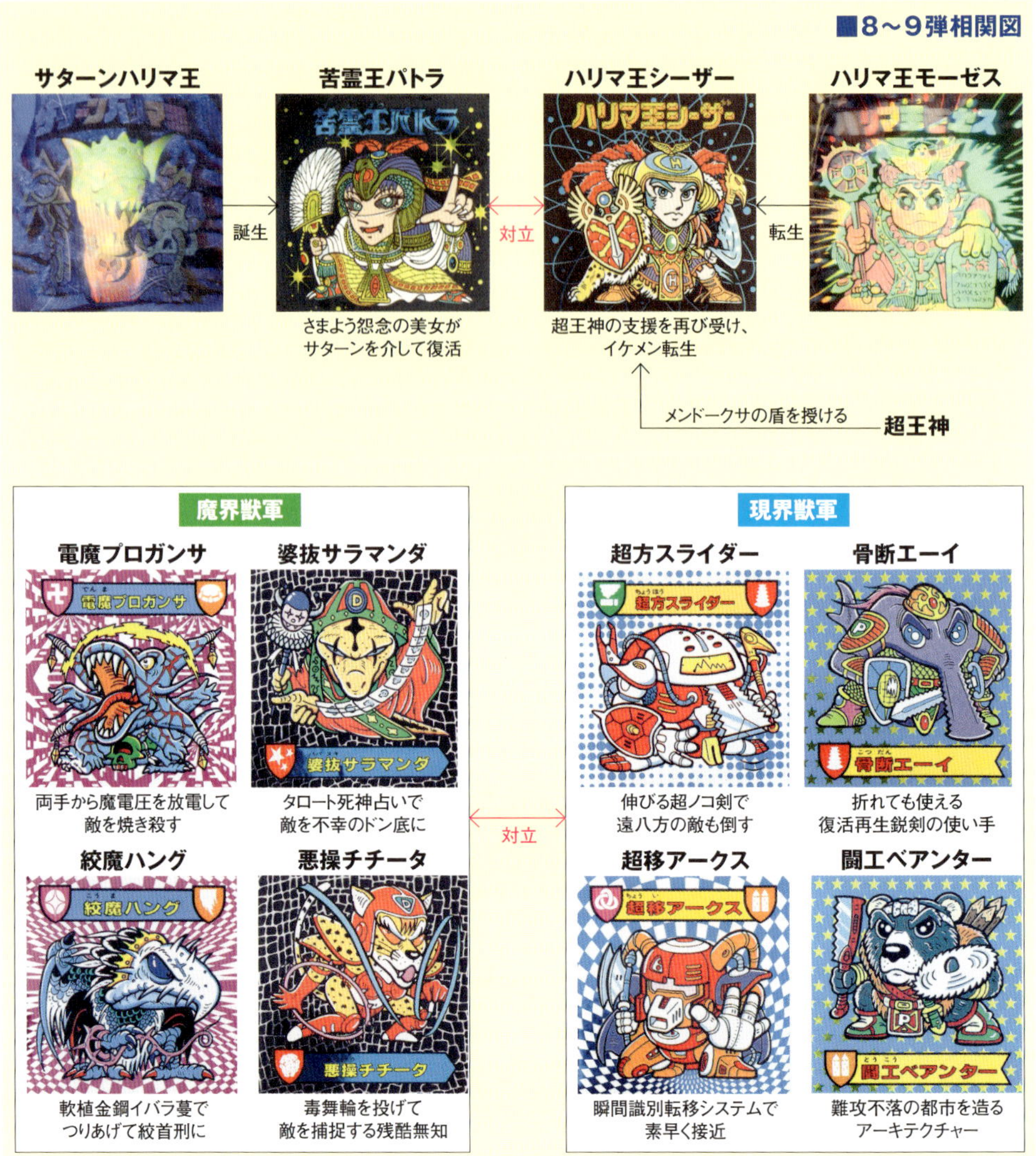
■8～9弾相関図
サターンハリマ王
苦霊王パトラ
ハリマ王シーザー
ハリマ王モーゼス
誕生
対立
転生
さまよう怨念の美女が
サターンを介して復活
超王神の支援を再び受け、
イケメン転生
メンドークサの盾を授ける
超王神
魔界獣軍
電魔プロガンサ
両手から魔電圧を放電して
敵を焼き殺す
婆抜サラマンダ
タロート死神占いで
敵を不幸のドン底に
絞魔ハング
軟植金鋼イバラ蔓で
つりあげて絞首刑に
悪操チチータ
毒舞輪を投げて
敵を捕捉する残酷無知
対立
現界獣軍
超方スライダー
伸びる超ノコ剣で
遠八方の敵も倒す
骨断エーイ
折れても使える
復活再生鋭剣の使い手
超移アークス
瞬間識別転移システムで
素早く接近
闘工ベアンター
難攻不落の都市を造る
アーキテクチャー

【物語】ＨＲ7000年、怨念宇宙をさまよっていた美少女パトラの魂は、サターンハリマ王の口から体内に入って蘇り、苦霊王《くれおう》パトラとなる。ＨＲ8000年、ハリマ王モーゼスは超王神から「メンドークサの盾」というアイテムを受け取り、ハリマ王シーザーに転生した。

【情報】公取委指導を受けてリニューアルした8弾から、ヘッド級もアルミとなったが、黒バックになっている。そして、すべてのシールの裏面が、太陽光を当てるとサイコロの目が浮かぶ紫外線インクを使用したものになった。デザイン的には凝ったリニューアルであったが、肝心のキラらしい光り具合は失せている。正直なところ、当時集めていた身としては、見た目の派手さがなくなったのは残念であった。そして結局これが商業的に失敗したのか、9弾で本商品は打ち切りになる。なお、『わんぱっく』は雑誌自体が89年1月号で休刊となったため、この頃の本作の詳細は不明である。

■オハヨー乳業版

アイス版のパッケージ。外側がキャラメル味のラクトアイスで、内側のバニラアイスにはチョコチップが入っていた。シールの裏側にオハヨーのロゴが入っている。

■ハリマ王の伝説リターンズ

2000年頃に続弾として発売されたリターンズは、『ビックリマン2000』と同じく、シールサイズがひとまわり大きい。

■㊙スーパーアルバム

おなじみの宇宙大王に、魔界獣側の邪闘エルバル、霊吸ピリカ、呪殺クェックェが表紙を飾るアルバム。裏面も含め、大王以外はすべて４弾のキャラとなっている。

【こぼれ話】❶『ハリマ王』には複数の商品があるが、アイス版のみメーカーが異なる。これはカバヤに練乳などを卸していたオハヨー乳業の商品で、封入されていたシールも裏面ロゴが異なっている。
❷本商品のノベルティのひとつに、270枚もストックできる「㊙スーパーアルバム」がある。88年5～8月、パッケージ裏のHRマーク3枚を送ると、懸賞品としてもらえた。
❸『ビックリマン2000』のヒットを受けて、00年頃にオマケシールのリバイバルブームが起き、本商品も『リターンズ』として続きの弾が発売された。そのとき、ホームページに旧『ハリマ王』の歴史として10弾の情報が掲載されたのだが、中古市場でも一切見かけないため、実際にはこれは幻の弾だったと思われる。なお、その10弾では、パトラがシーザーに惚れてデートを申し込むも、お気に入りの写真がなくて落ち込み、悩みすぎた結果ブラックハリマ王になる展開だったらしい。

RPG を楽しむ食玩。カードとシールの両面作戦を展開 !!

ネクロスの要塞

商品名	菓子種	製菓会社	オマケ名	単価	総弾数
ネクロスの要塞アイス	キャラメル味アイスほか	ロッテ	謎のネクロスシール	50 円	3 弾
ネクロスの要塞チョコ	準チョコ菓子	ロッテ	色が変わるロールプレイングモデルとカード	100 円	8 弾

アイス版のパッケージ（1～2弾）。キャラメル味のアイスの中にバニラアイスが入っているもので、なかなかの美味。

3弾のパッケージ。エルフが主役のように思えるが、パッケージにはネクロスやアマゾン、ナイトが描かれることが多かった。

チョコスナック版は毎弾パッケージが異なり、画像は2弾のもの。上箱にヘビロス、下箱にナイトとタコロスの対決が描かれている。お菓子は丸めたクラッカー生地をチョコでコーティングしたもので、食感がサクサクだった。

【概要】１９８７年頃から発売されたロッテの『ネクロスの要塞チョコ』は、いわゆるテーブルトークＲＰＧが遊べる食玩シリーズ。オマケは温度変化や蓄光素材を使った塩ビフィギュアと、キャラクターやアイテムカードのセットである。これをパッケージ上箱に入れたうえ、中身がわからないように配して、自分だけのオリジナルダンジョン（洞窟や要塞など、モンスターの巣窟となる迷宮のこと）を作っていく。当時は『ダンジョンズ&ドラゴンズ』のようなテーブルトークＲＰＧが日本でもブームになってきた頃なのだが、子供たちにとっては未知の分野だったため、食玩の形で新しい遊びを提案したわけだ。

基本的な遊び方としては、サイコロを使ってダンジョンを進み、敵モンスターと戦闘。獲得経験値分をプレイヤーキャラのカードに塗りつぶしてレベルアップしながら、ダンジョン最深部まで進んでいく。まさに簡易版テーブルトークＲＰＧといった

■主要キャラクターたち

バーサーカー

バイキングの末裔。伝来の家宝・防御メガネをかけると暴れだす

アマゾン

戦いの中でたくましさと美しさを備えたアマゾン族の女闘士

エルフ

主人公の、冒険好きな森の妖精。後にマージに弟子入りする

ナイト

シールダーの盾に呪われたこともある、タンキリエ王国最強の騎士

ドワーフ

体は小さいが、一番の力持ち。正義感が強い森の小人

マージ

魔法の巻物を持っている、タンキリエ王国の老魔法使い

ネクロス

ネクラーガ復活を企み、呪いや魔法で怪物を操る黒魔術の王

マーシナリー

女の子に弱いが、後にタンキリエ王女の心を射止めた弓の達人

侍

東の国からやってきた居合いの達人は、戦いの中で片目を負傷

趣きなのだが、『ネクロス』はオマケが入っている「上箱」をいわばダンジョンの部屋に見立てて配置させるという仕組みが秀逸であった。そしてこのチョコ版は、ファミコンブームでファンタジーRPGものが周知されるにつれて徐々に人気を博し、8弾まで続弾するロングヒット商品となった。

一方、アイス版のほうは関連商品の一つで、チョコ版のカードをもとにしたオマケシールである。キャラのラインナップは同じだが、全シールが蓄光シール仕様で、暗闇で見ると魔法文字などが光るというものだった。また、2弾まではキャラ単独のシールだったが、3弾からはWシールになり、1枚目にキャラ、2枚目にアイテムという構成になっている。3弾の発売は87年末頃だが、これにてアイス版は打ち切りとなった。アイス版自体はあまりメディアで取り上げられなかったが、少なくとも『ネクロス』の知名度を上げる上では一定の貢献をしていた。

■1弾相関図

レベル1モンスター

コボルド

鎖かたびらを持つ、
退化した古代アトランチス人

ゾンビ

ネクロスの弟子が
作った、生ける屍

ドラゴン

鉄をも溶かす炎と鋭い爪が
武器の、伝説の魔獣

レベル2モンスター

ハンドラ

目の前の物はなんでも掴み
取ろうとする欲張りな怪物

スフィンクス

迷宮の入り口を守る
機械仕掛けの怪物

ミノタウル

ネクロス城の天守閣を
守る半牛半人

レベル3モンスター

タコラザード

魔法使いを食べる
タコ族モンスター

ナーガ

すばやい巻きつき攻撃が
得意な、ヘビ族の長

ネクロス

人々の悲しみや苦悩を
食べる黒魔術の王

プレイキャラクター

マージ

呪文が書かれた
魔法の巻物を持つ

ドワーフ

固い甲羅を打ち砕く
ハンマーを持つ

マーシナリー

ハンドラに効果のある
金貨を持つ

挑む（プレイキャラクター → レベル1モンスター）
挑む（プレイキャラクター → レベル2モンスター）
挑む（プレイキャラクター → レベル3モンスター）

【物語】先代のタンキリエ王には、2人の王子がいた。王座争いに敗れ、国を追われた弟の王子ネクロスは、復讐のため黒魔術の修行を始める。月日は流れ、黒魔術の王・ネクロスは悪の権化と化し、人々の苦しみを食べ、呪いや魔法で怪物たちを操るようになっていた。そして大魔神ネクラーガの存在を知った彼は、その封印を解くための生贄《いけにえ》として、タンキリエの王女を誘拐してしまう。タンキリエ王は勇者を募り、エルフやアマゾン、マージ、ドワーフなどの8人が集まった。この動きを察知したネクロスは、彼らの行く手に魔物たちを張り巡らせる。ネクロス城までの道中、ネクロス城の中、そしてネクロスが最深部に潜む地下の迷宮。勇者たちはこの難所をくぐり抜け、無事王女を救出することができるか?

【情報】相関図にあるレベルとは、進行度合いに応じたダンジョンステージのこと。レベル1は「城までの道中」、レベル2は「ネクロス城内部」、レベル3は「地下迷宮」を指している。

■2弾相関図

レベル4モンスター

アップラ

黄金の林檎を
盗まれてから凶暴化

タコロス

海洋支配を任された、
元タコラザードの弟子

オニロス

部下からの信頼がない
粗暴な7人衆の一人

プレイキャラクター

侍

前回の戦いで
片目を失った剣士

→ 挑む（レベル4モンスター）

レベル5モンスター

ヘビロス

ネクロスを尊敬する、
ナーガの息子

ドクロス

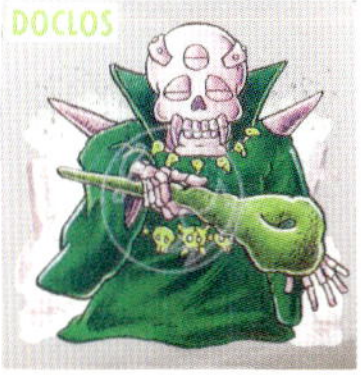

ネクロスの力で、海兵
指揮官の屍が蘇った姿

マジョロス

半身を魔界に落とした
マージの姉

アマゾン

男まさりの力と勇敢さで
名をはせる、女戦士

→ 挑む（レベル5モンスター）

レベル6モンスター

メカロス

自分の体も機械に改造
してしまった錬金術士

デカロス

獣の力を自在に操り、
蓄積できる妖術使い

ネクロス

ネクラーガ復活を諦めない
執念の魔王

ナイト

王国最強の騎士、
呪いの盾の餌食に

→ 挑む（レベル6モンスター）

【物語】ネクロスには、ネクロス7人衆と呼ばれる弟子の魔導師たちがいた。地獄で、鬼を管理するオニロス。海を支配するタコロス。ネクロスを尊敬してやまないヘビロス。指導力に富むドクロス。右半身を魔界に落としたマージの姉、マジョロス。なんでも改造する最高の錬金術師メカロス。獣を操る妖術使いデカロス。彼らが集結し、死んだネクロスを復活させてしまった。再びネクラーガの復活に野心を燃やすネクロスは、今度はタンキリエ大地の守護神殿「妖精神殿」を占領し、フェアリークイーンを捕獲する。8人の勇者は再び立ち上がり、神殿へと足を踏み入れる。しかし勇者のうちナイトだけは前回の戦いでシールダーの盾に呪われてしまい、苦戦を強いられる。果たして彼らは、7人衆を倒し、ネクロスまでたどり着けるのか？

【情報】2弾の舞台は妖精神殿で、レベル4は「妖精神殿までの道中」、レベル5は「妖精神殿内部」、レベル6は「妖精神殿の地下迷宮」となっている。

■3弾相関図

レベル7モンスター

オニショーグン

ショーグンの体を
乗っ取ったオニロス

ウッドキング

多くの部下をネクロスに
奪われた、森の支配者

パズズ

魔界の突撃隊長と称される
悪魔5人衆の一人

レベル8モンスター

メカロス MkⅡ

自身を再改造した
メカロスの復活

ブリザラード

凍結の呪文を使う
氷の国の女王

アスタロット

集めた魔法で人をいたぶる。
悪魔5人衆の一人で魔法学者

レベル9モンスター

ガウル

ホープ王国を砂漠に
変えた砂漠族首領

ネクロス

弟子たちの体を借りて、
三たび復活！

サタナキア

呪力にすぐれた、
別名・魔界の大将軍

プレイキャラクター

（各レベルのモンスターに）挑む

エルフ

魔法修行のために
マージに弟子入りする

バーサーカー

呪いの兜と手甲を着けても
呪いが効かなかった

マージ

ネクラーガ復活を
いち早くキャッチ

【物語】弟子たちの力でわずかに生命を保っていたネクロスは、我が身を捧げるという最終手段に出て、ついにネクラーガを復活させてしまった。そして、ネクラーガが率いるパズズやサタナキアといった悪魔5人衆と、ネクロス残党たちは、タンキリエの大地に大規模な侵略を開始した。一方、マージは邪悪な波動を感じて、ネクラーガの復活を察知。再び勇者たちが集結する。そこでタンキリエ王は、初代タンキリエ王がネクラーガと戦って、8つの宝玉を使って封印に成功したことを打ち明ける。悪魔軍は想像以上の猛攻を見せたが、勇者たちは協力者にも恵まれ、順調に旅を進めていく。そして最後に彼らの前に現れたのは、もやはグロテスクな肉の塊で、気力だけで生きているような状態のネクロスだった。

【情報】3弾の舞台はスケールアップし、タンキリエ王国の各地に散らばっている。レベル7は「西の森」、レベル8は「氷の国」、レベル9は「竜巻砂漠」となっている。

■チョコスナック版のカード＆フィギュア

5弾　エルマージ

マージの後を継いだエルフ、再びネクロス退治の旅へ

6弾　ダークィーン

暗黒皇帝（ダークエンペラー）の妻である、冷酷怪女

7弾　ネクロス

怨霊となってタンキリエ王子に取り憑く、不滅の悪玉

8弾　クトゥルフ

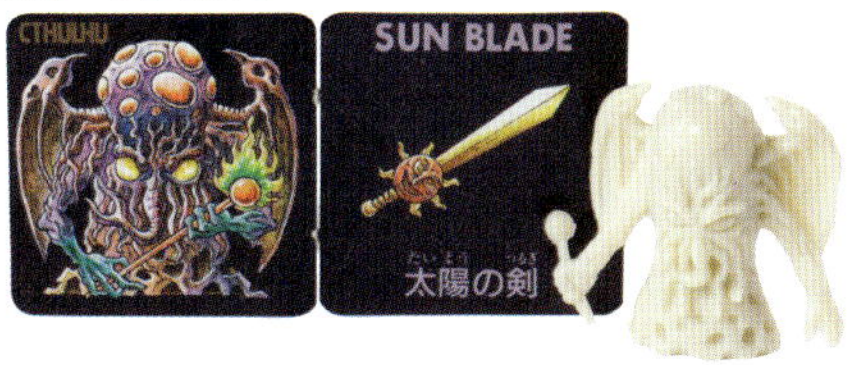

大宇宙より飛来した、異形なる混沌の支配者

1弾　デーモン

ネクロス城三角点の1つを守る、デーモン族の中軸

2弾　ゾンボーグ

飛び散ったゾンビ肉を、物質転送機に入れて再生！

3弾　ジョロス

マジョロスが改心した姿で、メカロスMkⅡを倒す武器を持つ

4弾　ネクラーガ

ついに姿を見せた、闇をもたらす混沌の魔神

【物語】チョコ版は、1〜4弾の「大魔神ネクラーガ編」、5〜7弾の「暗《ダー》黒皇帝《ク・エンペラー》編」、8弾の「邪神クトゥルフ編」（未完）に区分される。ネクラーガ編のラストの4弾では、勇者たちは宝玉を使ってネクラーガの封印に成功している。ただネクロスも怨霊となって登場しており、実質的なラスボスになっている。次の暗黒皇帝編は、4弾から20年後の世界が舞台。タンキリエ王国の王子が行方不明になる事件を発端に、王国を狙う暗黒皇帝と、伝説の浮遊要塞「天輪島《てんりんとう》」をめぐって、新たな勇者8人が活躍する。この物語でもネクロスは、弟子の生き残り・ドクロスによって悪霊として復活しており、王子の体に取り憑く。最後のクトゥルフ編は、最初のネクロスとの戦闘から100年後が舞台。邪神クトゥルフの襲来と、伝説の悪霊・ネクロスの復活が知らされ、新たな勇者がこれを迎え撃つ。このように、どんなに倒されても、ネクロスだけは毎回しぶとく復活しているのである。

温感・冷感の仕掛けが斬新だった、日本史パロディシール

あっぱれ大将軍

商品名	菓子種	製菓会社	オマケシール名	単価	総弾数
あっぱれ大将軍チョコ	準チョコ菓子	ロッテ	THE・幕府シール	50円	5弾

幕府方の家主と葵上、反幕方の弥生と三堂条が描かれたパッケージ。お菓子は、パフとピーナッツを固めたものに、チョコがかかっていた。

［シールの特徴］温感、冷感シール

温感シール　　冷感シール

温感シールは温めるとインクが消え、冷感シールは冷やすとインクが浮き出る。この仕組みを使って、キャラのパワーアップなどを演出している。

【概要】 1987年夏頃にロッテから発売されたブーム初期の商品。大粒のパフを固めたものにチョコをかけたお菓子である。日本史をパロディにした設定で、幕末の動乱期、幕府方と反幕方の抗争が物語のモデルになっている。シールの特徴としては、温度によってインクが反応し、絵柄が変化するという趣向を凝らした仕様になっている。幕府方が、温めるとインクが反応して透明になり、下に隠れている絵柄が見える温感シール。反幕方は逆に冷やすとインクが反応して色がつき、新たな絵が浮き出る冷感シール。こうした絵の変化でキャラクター性や心の内などを演出するという、独特のギミックが本作の大きな売りであった。

実際に絵を変化させるには、手で温めたり冷蔵庫で冷やしたりするのだが、夏場や冬場は勝手にインクが反応してしまうため、元の絵に戻すのが逆に大変なのが難点であった。また『ビックリマン』の反後氏が手がけているだけあって、裏書きの文

■主要キャラクターたち

家主初代将軍

日本を統一し江戸に幕府を開いた名将だが、美人には弱い

権　大僧正

幕府に重用された、聖眼を光らせ説法する僧道宗の老僧

三堂条　上臈

御台所の美貌を憎んで、夜な夜な呪いをかけようとする弥生の妻

葵上　御台所

一見般若のように怖いが、実は大奥一の艶姿を持つ家主の妻

仁海　伊賀衆組頭

家主直属の忍者集団・伊賀衆の組頭、その正体はくノ一

降　神道方

ないがしろにされ、幕府と僧道を恨みに思っている神道勢の軍団長

御伽　世継

いざというときには白獅子童子に変身する、家主の息子

弥生　朝廷

家主の支配に反発する勢力・反幕方を組織した闇の将軍

仁湖　甲賀衆組頭

伊賀衆と長らく争う甲賀衆の組頭は、朝廷側に与することに

章は古文もじりでかなり凝っている。しかしそのおかげで、『ビックリ』以上に日本語になっておらず、謎解き遊びがしにくかった。

　さらにレアなヘッド級が4弾まで存在せず、全シールが均一に混入されている点が、もう一つの大きな特徴だ。5弾のみ、アルミキラの「鎌《かま》源《げん》大将軍」「縄文天王《じょうもんてんのう》」という、混入率の低いレアシールが登場した。両方ともキラのまま温感・冷感シールになっているという、なかなかユニークな趣向となっている。また、5弾ではほかにも面白い取り組みがされており、「水球忍撃《すいきゅうにんげき》」や「雹流神撃《ひょうりゅうじんげき》」など、キャラクター同士の対決をシール化したものがいくつかあった。インクを反応させると戦いの結果がわかり、Wシールのコマ漫画のような展開が演出されたのだ。また、『ビックリマン超特集2』（小学館）によれば、実は本商品は地域限定販売だったらしい。時期的には5弾頃に全国発売に移行したようだが、残念ながらその5弾で打ち切りとなった。

■1～2弾相関図

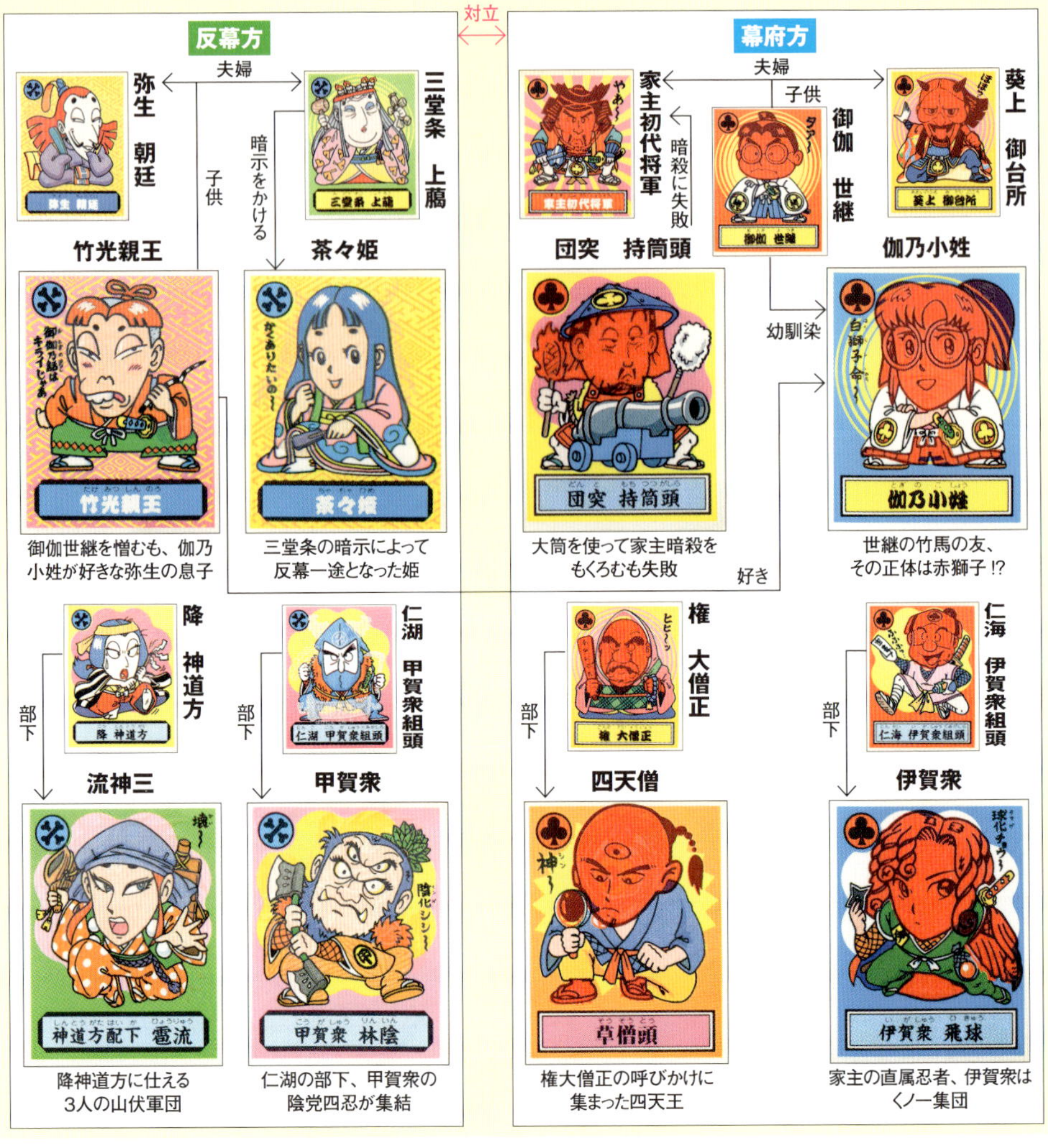

【物語】苦労を重ねて天下を統一した戦の名将・家主《いえす》は、花のお江戸で幕府を開き、初代将軍として統治。平和な世を築こうとしていた。しかし参勤交代令で朝州《ちょうしゅう》や札州《さっしゅう》などの諸藩が不満を抱いたり、僧道《そうどう》勢を擁護したために神道《しんどう》勢が激怒してしまったりと、幕府に反感を持つものがだんだん出はじめる。これを受けて、弥生朝廷は三堂条《みどうすじ》や神道勢の降《こう》、公家たちの進言により、反幕勢力を組織することになった。彼らは、幕府内にも反逆者を潜りこませるなど、着々と工作活動を行っていく。また、仁海《にんかい》率いる幕府直属の忍者・伊賀衆と仁湖《にんこ》率いる甲賀衆は以前より犬猿の仲だったが、甲賀衆が反幕方に寄ったことで、小競り合いが続いていた。そして慶短《けいたん》13年には、団突《どんと》持《もち》筒頭《つつがしら》による家主暗殺未遂事件が発生。翌年には黒い南京豆事件（反幕方の首謀格・八連《やれん》老中と菱《ひし》勘定奉行の汚職疑惑）が勃発する。これにより、裏切り者が多数隠れていることが、幕府にも知られることとなった。

■3～4弾相関図

反幕方 ←対立→ 幕府方

反幕方

縄之　摂政

反幕運動をけしかけた、真の仕掛け人

珍　皇帝

反幕首領を狙っている支那勢のドン

天上　太政大臣

弥生の動きについて幕府側へ伝える内通者

女帝　楊貴炎

黄金に目がくらみ、大奥を狙う珍の妻

卑賀衆　白基

海を渡ってやってきた、第3の忍者衆。目的は謎

札州大名　藷門

海外への対抗のために立ち上がった反幕大名

幕府方

影武者　家主

暗殺された家主の影武者はからくり人形!?

ペリス　提督

武器を売り込みにきた、倭国占領を企む南蛮勢

奥の院　毬家

陰謀で出生時に隔離された、生き別れた家主の妹

女帝　アダム

夜霊を宿して機密をかぐ、ペリスの妻

由駄　家老

御意見番の古家臣は、実は反幕方?

会都藩主　白門

幕府一途に突き進む、親幕大名のひとり

【物語】国内情勢が不安な中、慶短16年、海外から圧倒的な軍事力を持つ南蛮軍団のペリス提督が来航。鎖国令をあっさり撤廃させてしまう。彼らは、貿易にかこつけて日本の支配を企んでいた。同年、今度は支那から珍皇帝《ちんこうてい》が来日。弥生に接近したが、こちらもまた日本の支配を狙っていた。この海外勢の動きに呼応し、国内では会都《あいず》・仙代《せんだい》が親幕派として幕府方につき、札州・朝州が不甲斐ない幕府に不満を抱いて反幕方につくようになる。加えて、海外のヒンドから謎の忍者集団・卑賀衆《ひがしゅう》が来航するなど、両勢力に与するグループが肥大していく。

慶短18年、再び家主暗殺未遂事件が勃発。本人は助かったが、からくり人形だった影武者・家主が犠牲となってしまう。元洋3年、生き別れたはずの家主の妹・奥の院毬家《まりや》が発見された。隔離された身分であったが、付人たちのおかげで情勢を知った彼女は、幕府と反幕の戦いをなんとかやめさせようと考えていた。

■5弾相関図

対立

反幕方

縄文天王

弥生のご先祖様、
枕元に降臨

いざ波像

天変地異を起こそうとする
神道勢の神様軍団

卑賀衆　ヒンド

拡大の一途をたどる
謎多き卑賀衆勢力

匈団作戦

珍の部下・匈団がペリスの
部下・ザビエを食い破る

ブータン計略

影武者家主暗殺事件に、
珍お抱えのブータンが関与

雹流神撃

神道勢・雹流の氷弾嵐が
僧道勢の木僧頭を封印

幕府方

鎌源大将軍

家主のご先祖様、
進行ルートを啓示

西矢　陸軍奉行

陸路から関がっ原方面に
進行する奉行

幻行仏

現実的な戦略を立てる、
僧道勢の仏軍団

破魔　海軍奉行

海路経由で関がっ原へと
向かう奉行その2

ワットン作戦

ペリスの部下・ワットンが
珍の部下・司馬帝と抗争

水球忍撃

忍撃戦の末、伊賀の水球が
甲賀の山陰を撃破

【物語】ついに幕府方と反幕方の対立は、全面戦争へと突入してしまう。関《せき》がっ原《ばら》での決戦に向けて両軍とも準備を進めるなか、家主と弥生の枕元には、それぞれの先祖である鎌源大将軍と縄文天王が立って助言を授けていた。家主はそれに従って、陸と海の両面から攻め込む作戦を計画し、西矢《せいや》率いる陸軍と、破魔《はま》率いる海軍を先導させた。一方の弥生も、狐付《きつねつき》戦法というものを授かっており、決戦前夜の宴に暗殺部隊の楽人《がくじん》衆《しゅう》部隊を送り込んでいた。

また、伊賀衆と甲賀衆・卑賀衆の戦闘、南蛮軍と支那軍の戦闘、僧道軍の仏や神道軍の造土神《ぞうどしん》たちの降臨など、すでに前哨戦は始まっていた。加えて、影武者家主の暗殺計画には、南蛮軍や支那軍が暗躍していたことが発覚。弥生の企てる作戦の全容がいまだ判明せず、混沌とした状況のなか、両軍は決戦の日を迎えつつあった。

【情報】88年6月頃には徳間書店の『わんぱっくコミック』シリーズの一環として単行本も発売されている。

■漫画「変身　白獅子童士」

『ビックリマン超特集2』に読み切りで掲載された斉藤栄一作のトビラ頁。かなりギャグテイストが強くなっている。

『ビックリマン超特集2』では、メインの『ビックリマン』のほかに『あっぱれ大将軍』も特集。４弾までのシールガイドを掲載。

■パラレル絵柄バージョン

伊賀衆　水球／髪色が白バージョンか黒バージョンかのパラレルで、一番わかりやすい。

皮僧頭／顎髭が生えているバージョンか、生えていないバージョンかのパラレル。

神道方配下　霜流／顔部分にあたる氷の結晶と、武器の形が異なるパラレル。冷感は冷やさないと確認しにくい。

【こぼれ話】❶本作はなぜか、2弾にだけパラレル絵柄というバリエーション違いがある。温感・冷感インクが使われている方の絵に、髪の巻き方が違う、羽根の形が異なる、などの明らかな違いが存在する。シール1種類につきパラレルは1つだけのようだが、このパラレルが総計で何種類あるのか、という全貌がはっきりしていない。しかもどっちが正規でどっちがパラレル、という決め方や呼び方も当時からなかった。

❷本作のコミカライズとしては、88年2月発行『ビックリマン超特集2』などに読み切りで掲載された『まんが版入門「あっぱれ大将軍」変身白獅子童士』（作者・斉藤栄一）がある。家主の息子・御伽世継が白獅子童子に変身して、弥生の息子・竹光親王らの悪巧みから幕府の平和を守るというコミカルヒーローもの。「入門」と銘打つだけあって、とにかくシールのキャラを多数登場させているが、おならきっかけで変身するなど、オリジナル要素も強い。

独特のお守り形シールで繰り広げられた神様バトル!!

こまったときのガムだのみ

商品名	菓子種	製菓会社	オマケシール名	単価	総弾数
こまったときのガムだのみ	リンゴ味ガム	明治製菓	おまもりシール	50 円	5 弾
こまったときのガムだのみ　魔獣水滸伝	グレープ味ガム	明治製菓	戦士・魔獣ダブルキャラシール	50 円	1 弾

祈闘士、おまかせ天神、豚珍漢などが登場した４弾パッケージ。りんご味のフーセンガムは３枚入りである。

魅力菩薩や大好仏、減点様など、１弾キャラが飾る初期パッケージ。なぜかプリズムの大吉神たちはいない。

雰囲気が一変した魔獣水滸伝。グレープ味ガムには四字熟語が印刷されており、一応同シリーズだと感じられる。

ゴッドマザー、スーパーキッド、極道様などが描かれた５弾パッケージ。ガムに描かれたパロディ諺にも注目!!

【概要】１９８７年夏頃から明治製菓（現・株式会社明治）が発売。お菓子は「知らぬがほっとけ～」「七転び八転び」など、ことわざや格言のパロディが印刷された板ガムである。シールは、幅3センチ、高さ5・7センチで、上辺の両角をカットしたお守りのような形をしている。描かれているのは神様キャラなのだが、「勉強がはかどる」「ゲームがうまくなる」など、良きにつけ悪しきにつけなんらかのご利益がある、という設定になっている。ただ、ちょっとシールのレイアウト上のデメリットがある。シール表面の半分以上を二重叶《かのう》結びパーツとキャラクターの名前が占めており（大吉神以外）、かなりキャラのイラストが狭っ苦しかったのだ。大きさという意味でほかのオマケシールに比べると、キャラのパンチに欠けたのである。一方で、パッケージ裏に白い部分があり、そこからシールの裏面が透けて見えることから集めやすかった。

最初は「スーパービーナス」など

■主要キャラクターたち

大福神

しあわせ軍団の究極神。超大吉幸福光線を発して、悩み事やつらいことを解決!

祈闘士

おはらい軍団の究極神。相談ごとには魔退散水晶球で何とかしてくれる

大凶神

のろい軍団の究極神。逆らったりすると、超極悪凶悪たたり光線をくらわせる

ゴッドマザー

のろい軍に寝返ったゴッドファーザーを元に戻すため参上したしあわせ軍団の究極神

スーパーキッド

スーパーパワーで、のろい軍をノックアウトするおはらい軍団の究極神

サタンクロース

悪い子を探し回ってもっと悪いことをさせようとするのろい軍団の究極神

極楽様

道行く人に、気楽に生きていくことを勧めているしあわせ軍団の最強神

マザーまま母

悪神復活の噂を聞きつけて、外国から帰ってきたおはらい軍団の最良神

極道様

大凶神の頼みを断りきれず極道の道に入ったが、実は気が弱いのろい軍団の最悪神

のレアはあったものの、シール自体にナンバリングや所属がなく、軍団抗争のような物語性もなかった。2弾から、しあわせ軍団、おはらい軍団、のろい軍団の3軍団が形成され、三すくみのような構造ができあがる。さらに3弾からホロのような豪華素材も導入され、ヘッド級の究極神・最強神が大きな目玉となっていく。こうした細かい改良が加えられたことで、『ガムだのみ』は一気に世界観が拡大。シールブームの流れに乗った格好になる。順調に弾を重ねたものの、本作は5弾で急に物語が終了する。しかも、ほぼ全キャラが眠りにつくという、かなり思い切った幕切れであった。徳間書店の『わんぱくコミック』シリーズの単行本には、最後に「6弾でお会いしましょう」と書かれているので、一応続弾の予定はあったのかもしれない。その後しばらくして新展開シリーズ『魔獣《まじゅう》水滸伝《すいこでん》』が始まる。世界観は、神様キャラが出てこない完全な別物だったが、1弾限りで終了した。

■1弾相関図

【物語】神話の時代よりはるか昔、世界は幸せに満ちていたが、ある日お互いの役割をめぐって対立し、世の中が乱れてしまう。大吉神《だいきちしん》、中吉《ちゅうきち》神《しん》、吉神《きちしん》はそれぞれ協定を結んだことで、凶神《きょうしん》との戦いに勝利することができた。後に、争いを起こした神々は「神々奉納帳《かみがみほうのうちょう》」に封じ込められ、神社に奉納された。

【情報】プロローグという形で語られる物語は、簡潔な内容からもわかる通り明らかに後付けである。1弾はレア度ごとに大吉神、中吉神、吉神、凶神があるだけの、おみくじのようなタイプのシールであった。一応大吉神はプリズム、中吉神はアルミキラになっているが、ナンバリングもまだなかった。2弾以降の軍団にあてはめると、大吉神・中吉神はしあわせ軍団、吉神はおはらい軍団、凶神はのろい軍団の前身となる。大吉神のゴッドファーザーとスーパービーナスの2種類は、2弾でも復刻されているが、とくにレイアウトやデザインの変更はない。

■2～3弾相関図

【物語】長らく平和は続いていたが、ある嵐の日に「神々奉納帳」を奉納していた神社に雷が落ちてしまう。その影響で封印されていた神々が復活。蘇った神々はさっそく、しあわせ軍団、おはらい軍団、のろい軍団に分かれて戦い始めてしまう。当初戦いは混戦であったが、徐々にのろい軍団が優勢になってくる。これを受けて、しあわせ軍団とおはらい軍団はのろい軍団に対抗するために手を握る。互いに協力して、平和を取り戻そうと誓った。

「しあわせ・おはらい連合」の成立後、戦いはますます激化する。そしてついに、各軍団を統率する究極神が出現した。それが、しあわせ軍団の大福神《だいふくじん》と、のろい軍団の大凶神《だいきょうじん》だ。彼らの出現によって各軍団は組織として固められ、さらにパワー・マークという勲章のようなものが各自に授けられるようになった。またこの頃から、海外から援軍にやって来た西洋神《せいようじん》も、この抗争に新たに加わることになった。

■4～5弾相関図

のろい軍団

ホラー吹鬼童子

マザーまま母に叱られて首が抜けてしまった

バッドファーザー

大吉神が、のろい軍団にまさかの寝がえり

しあわせ軍団

健康美神

化粧しなくてもウットリするほどの美少女に

アーメンブラザーズ

兄・ヨスネ、弟・バブロがタッグで登場

プレゼントルマン

サタンクロースが変身し、しあわせ軍団に潜入工作

黄金魅力菩薩

魅力菩薩が以前よりも魅力的にパワーアップ

おはらい軍団

極上様

純真な心と美しさを武器に戦う女神

エクソシスターズ

この世から悪を追い払い、清らかな世界をめざす

対立

同盟

【物語】おはらい軍団にも究極神・祈闘士《きとうし》が登場し、徐々に「しあわせ・おはらい連合軍」が優勢になっていく。そこでのろい軍団はザ・コマッタ・パルテノンに眠る悪神、サタンクロースとバッドファーザーを目覚めさせる。一方、海外出身の神様のほうも、中国神《ちゅうごくじん》、創造神《そうぞうしん》といったメンバーが加わり、ますます対立は激しくなっていく。

そして新たな究極神・スーパーキッドなどが加わり、いよいよファイナルバトルが迫ってきた。しかし、ここでのろい軍団のサタンクロースは、プレゼントルマンになってしあわせ軍団に潜入。軍団内に裏切り者を出させて、内部分裂を引き起こしてしまう。大混乱に陥った連合軍の究極神たちは、最後の手段としてあの「神々奉納帳」を開くことを決めた。すべての神々はこれに封じ込められ、深い眠りについた。しかし、誰もいなくなったはずの世界には、なぜか極楽様《ごくらくさま》と極道様《ごくどうさま》らしき二つの影が動いていた。

■魔獣水滸伝相関図

悪魔戦士

天魔星・降魔血海ノ喰霊鬼

人の魂を食って
数千年生きる最凶悪魔

天骸星・白骨林ノ骸頭

呪術で呪い、
生気を吸い取る悪魔

天欠星・弱知風ノ三顔

魔顔、妖顔、暗顔を
持つ悪魔戦士

天哀星・暗黒大天ノ夜母

魔邪髪で相手を締めつける
女妖魔

豪傑戦士

天仙星・入雲竜ノ公孫勝

幻仙道を極め、秘奥義を
駆使する梁山泊軍の豪傑

天雄星・豹子頭ノ林冲

棒術は神業の域にある、
正義心あふれる武人

天満星・美髯公ノ朱同

十貫の大長刀を
自在に操る英雄

天朗星・花和尚ノ魯智深

普段は優しい、
千人力の怪力無双

（悪魔戦士⇔豪傑戦士）対立

【物語】新展開シリーズ『魔獣水滸伝』は、少し間を空けて88〜89年頃に発売された。しかしその内容は、神様とは全然関係ない世界観で、水滸伝をモチーフにした中華風抗争ものになった。ただしメディア展開がなかったため、物語などの詳細は不明である。「魔獣を駆る豪傑戦士と悪魔戦士の戦い」ということで、全シールがWシール。1枚目の透明シールに魔獣が描かれており、2枚目が豪傑戦士か悪魔戦士という構図である。1枚目をほかの戦士に貼り替えることで、違う魔獣に乗る仕組みになっていた。シールサイズは幅4・8センチ、高さ6・5センチとかなり大きくなり、「天仙星《てんせんせい》・入雲竜《にゅううんりゅう》ノ公孫勝《こうそんしょう》」や「天魔星《てんませい》・降魔血海《こうまけっかい》ノ喰霊鬼《くいれいき》」などのヘッド級は、2枚目が金バック・銀バックとなっている。絵も筆を使った独特のタッチなので、旧シリーズに比べるとかなり迫力があったのだが、モチーフが子どもたちには受けなかったのか、わずか1弾で打ち切りとなってしまった。

当たれば1000円、子供に一獲千金の夢を与えたシール

めざせまるきん

商品名	菓子種	製菓会社	オマケシール名	単価	総弾数
めざせまるきんチョコ	準チョコレート	松尾製菓	まる字シールほか	50円	シリーズごとにバラバラ

タリズマンシール第1弾のパッケージ。目印だった中央のまる金マークが、護符をイメージしたデザインに変わった。

まる字シール時代のパッケージ。お金型のミルクチョコはサイズとしては大きめで、食べ応えがあった。

神秘の霊界マンダラシールのパッケージ。タリズマン同様にマークのデザインを変えているが、イメージは神殿なのだろうか？

貼ろパロシール時代のパッケージ。商品名に唯一「平成版」という文字があり、時代を感じさせる。

【概要】チロルチョコでおなじみの松尾製菓（2004年に企画・販売部門が独立して社名もチロルチョコに変更）が1985年頃から発売。お菓子は大判の50円玉型ミルクチョコで、84年から発売された「ごえんがあるよ」の大判ともいえるものである。本商品の売りは、シールまたはカードに当たりとあった場合、その当たりまたは補助券3枚を送ると郵便定額小為替1000円分がもらえるシステムにあった。

　子供にとっては大金が当たる、この宝くじ的なシールは、86年頃から「まる字シール」というパロディシリーズを展開。徐々にシールブームにあてられるような格好で、「貼ろパロ」「タリズマン」など、多数のシリーズをどんどん投入した。中にはカードものや、漫画とのタイアップなどもあり、かなりバラエティに富んでいた。また商品自体は、当たり・はずれくじだけの時期もあったにせよ、実は近年まで販売されており、息が長かった。

■まる字シール

○+字のユニークなパロディシール。『めざせまるきん』の元祖的な存在。
下段の2枚はスペシャルシールである。

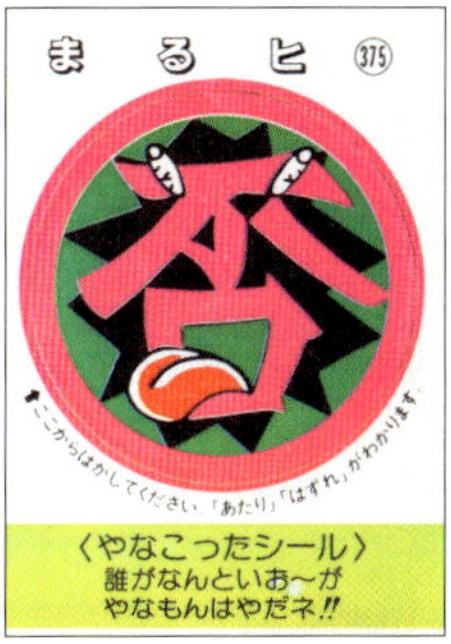

[シールの特徴]
当たり、はずれシステム

シールをめくると、台紙に書かれた当たりかはずれがわかる仕組みなので、必ず図案の淵に切れ込みがある。

「まる字シール」の発売時期は86〜88年頃。当時の流行語「まる金」「まるビ」をコンセプトに、○のなかに文字を入れて、「まるネコ」や「まるケツ」など、オリジナルのまる字を作ったもの。まる字部分が切り抜きされており、「電話がほしいときさりげなくこのシールをはろう!」（まるデン）、「ちょっとまてもう一度かくにんというときに使おう」（まるシン）といった但し書きがある。シールの種類も豊富で、1弾のみ36種類だが、以降は各40種類ずつ追加された。その後、シールブームに乗っかるようにして、アルミやプリズムなどのキラシールも登場した。このシリーズは長期にわたって継続し、456種類（ノーマル416種類、スペシャル40種類）という膨大なラインナップとなった。ちなみに1000円当たりとは別の、景品がもらえる当たりもあり、テレホンカード、シールホルダー、下敷き、ジャンボスペシャルシール、黄金の電卓（略して金卓《きんたく》）などがもらえた。

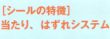

■貼ろパロシール

看板や標語、校則をパロったシリーズ。思わずニヤリとする。

■とんちん漢字シール

まる字シールの発展型で、とんちをきかせたオリジナル漢字。

「とんちん漢字シール」の発売時期は88年頃。まる字シールを発展させたようなパロディシールで、漢字の周囲は丸い切り抜き。そこに例えば光に友で「マブダチシール」、目と配を合体させて「めくばりシール」、女と馬を合体させて「じゃじゃ馬シール」などと称し、とんちをきかせたオリジナル漢字を配している。シールはすべてアルミで、約120種。「貼ろパロシール」の発売時期は89年頃で、パッケージにも「平成版」と銘打たれている。看板や標語、校則などをパロった1コマ漫画がシールになっている。切り抜き枠は丸以外にも角を取った正方形などがあった。一例を挙げると、おじさんのあるある行動をモチーフにした「鼻毛が伸びてるゾ」、ダジャレの「シル婆シート」、ありえない校則を並べた「ハイレグそりこみ30度指定」シールなど、実にバラエティに富んでいる。なかには校則シールの「制服ハイレグ可」のような、ちょっとセクシーなネタもある。85種類ほど。

■タリズマンシール

開運をもたらす護符、という設定がナイス。貼られるとつきが落ちる「裏タリズマン」も登場。

「タリズマンシール」の発売時期は89～90年頃。タリズマンとは「護符」という意味で、さまざまな開運を授ける設定なのだが、「マン」を人としてとらえたのか、デザイン的にはキャラものに寄っている。説明は表面下部に少しある程度で、例えば「飛行士タリズマン」なら「宇宙をまたにかける宇宙飛行士になろー!!」といった具合。キャラの説明にはなっていないが、それでも絵柄的には十分だった。また、レアシールはアルミやプリズムなので、いかにもご利益がありそうだった。

好評だった本シリーズは、「開運タリズマン」「ウラタリズマンVSお助けタリズマン」「ミステリータリズマン」と副題を変更して、3弾まで継続。2弾では人に不幸をもたらす裏タリズマンと正義のお助けタリズマンの2勢力の抗争に発展したが、特にストーリー設定はなかった。3弾では「超能力神タリズマン」のような新たな種族も加わっている。シールは約130種。

ナイチンゲールなど世界の偉人がなんと守護霊に!!　霊験あらたかな雰囲気がただよう？

■神秘の霊界マンダラシール

「神秘の霊界マンダラシール」は90年頃の発売。タリズマンのお助けコンセプトを発展させ、ナイチンゲールやニュートンなど、世界中の偉人たちが守護霊として登場している。「争い事をなくして平和にしてくれる守護霊」（ジャンヌ・ダルク）といった説明がある。なかには、青龍などの四聖獣や、神様（「力と人望のパワーを君のものにしてくれる神」など、長い名前の神が多い）といった、偉人以外も含まれている。また1箱に1枚「マンダラ図」という大型の台紙が入っていて、そこに指定のシールを25枚貼って曼荼羅図を完成させ松尾製菓に送ると、1000円がもらえた（台紙は2種類）。シールは57種類ほど。

「戦国列伝カード」も90年頃の発売。外伝的な商品でお菓子はバームクーヘン、オマケはドット絵のCGで描かれた武田信玄、島津義久など戦国武将のカードだった。普通の『まるきん』よりも1・5倍くらい大きく、値段は100円、当たり金額は2000

■魔宮伝説の章シール

パッケージは珍しくまる金マークが控えめで、ドット絵はファミコン時代を思わせる。このシールを使ってゲーム遊びも可能だった。

■戦国列伝カード

パッケージは、100円商品だけあって大きめだった。菓子はチョコがけのバームクーヘン。カードは、当時としては最新のドット絵である。

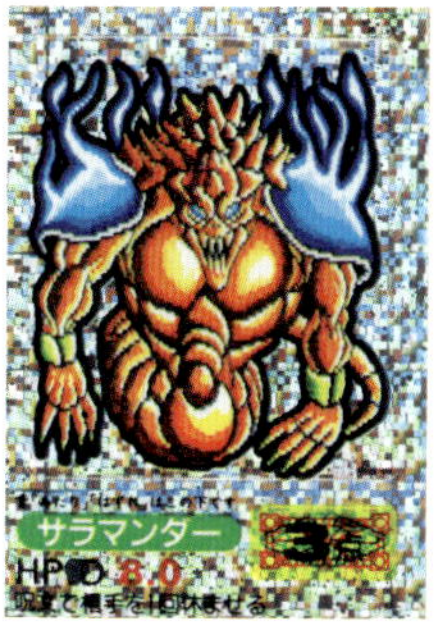

円に倍増されるなど、いろいろ仕様が異なっている。23種類ほど。

「魔宮伝説の章シール」は91年頃発売のシリーズで、こちらは通常の50円『まるきん』。シールは、ドット絵のCGを採用した、ファンタジーRPG世界のモンスターものである。強敵モンスターはキラ素材で、いくつか素材違いがある。切手を送るともらえたワールドマップ上でシールを適当なコマに配置し、サイコロを使ってモンスターと戦うという、ボードゲーム遊びができた。

以降92年に、『コロコロ』で連載されていたギャグ漫画を元にした「いなか王兆作《ちょうさく》」、93年に「サッカーゲーム編」、94年頃に「らくがきスクラッチャー」、95年に「招き猫シリーズ」、96年に「ミニ四駆ドレスアップシール」、97年に「七福神」、98年に「モーモー星占い」、99年に「ミステリアスカード」、99〜00年に「P・1回転バトルシール」、00年に「トランプカード」などのシリーズが登場した。

理想島ジパングをめざせ!!　日本神話がモチーフに

謎のジパング伝説

商品名	菓子種	製菓会社	オマケシール名	単価	総弾数
謎のジパング伝説	コーラ味ガムゼリー（グミ）	ナガサキヤ	地魔界 vs 大和天界シール	50 円	2 弾

ハニー1を攻め立てる龍王魔神に、ゴッド王&勇神タケルが立ち向かう。背景の奥で光る山が、めざすジパングであろうか? ちなみにパッケージにある「ガムゼリー」とはグミのこと。コーラ味のグミ数個が、トレーの中に入っていた。

混原人

大和天神

地魔神

[シールの特徴]
3勢力の争い

混原人は地魔神にいじめられ、大和天神は彼らを援護する。そんな地魔神と大和天神が対立する、という関係性になっている。

【概要】 1988年1月頃にナガサキヤ(2000年7月に倒産)が発売。お菓子は、シールのキャラクターの顔をかたどったグミ。当時はまだグミの名称が定まっておらず、パッケージにはガムゼリーと書かれてあり、時代を感じさせる。

シールは日本神話をモチーフにした世界観で、地魔神《ちまじん》から迫害を受けた混原人《こんげんじん》が大和天神《やまとてんじん》とともに新天地・ジパングをめざすというもの。地魔神、混原人、大和天神が1セットの構図となり、地魔神はノーマル、混原人と大和天神はアルミ、「ゴッド王《キング》」や「炎魔王《えんまおう》」などのヘッド級はプリズムやホロなどの特殊素材である。構成自体はスタンダードなのだが、「○弾パート2」という形でシールを途中で追加する特徴があった。ヘッド追加というのは他商品でもあったが、ノーマルシールまで追加したのは珍しい。また、発売当時からテレフォンサービスや、当たりシール（埋蔵金）が出たらテレホンカードやシールアルバムがもらえるキャ

■主要キャラクターたち

岩魔王

何百年も生きている、全身が
岩でできている地魔神ヘッド

麗神ハヤト

女装して魔神の宴怪に潜入した、
「知」を司っている七天神

ゴッド王

理想島へ黄金の後光を照らし
続ける、大和天界の創生神

龍王魔神

飛龍角が反応してパワーアップ
した、「暴」を支配する六魔神

闘神ヒムカ

聖なる椿の木の槌で魔神を退ける、
「闘」を司っている七天神

飛鳥王

まだ若いが剣マスターとして
選ばれた、聖海道の守護空神

飛魔襲

魔羽根羅が脱羽してパワーアップ
した、「隠」を支配する六魔神

炎魔王

一度はゴッド王を倒したこともある、地魔界の邪念の支配者

勇神タケル

勇気の泉の酒豪水でパワーアップ
する、「勇」を司る七天神

ンペーンも行っていた。シールブーム後発組だけあって、趣向を凝らしていたようだ。

メディア展開は主に『コミックボンボン』で行っており、『ジパ伝倶楽部』という定期コーナーがあった。しかし、商品そのものが88年6月頃の2弾パート2追加で打ち切りとなり、同企画も同時期に終了している。

ちなみに、その突然の打ち切りから20年後の08年、八王子市の雑貨屋「上海鑑定団」が、本商品とのコラボ企画を実施している。ホロシール2種の着色版をリリースしたあと、『ジパ伝』を継承する形で続編新作のシールセットを通販した。ナガサキヤはもう倒産していたが、上海鑑定団側がグリーンハウスに直接デザインを発注しており、インディーズながら続編を作るという動きは他に類を見なかった。この「上海鑑定団版ジパ伝」は、オリジナルシールを小企業や店舗などが企画・自作する昨今のムーブメントの走りであったことは間違いない。

1弾相関図

【物語】混原界に住む混原人たちは、炎魔王率いる邪悪な地魔神たちに貢ぎ物をしてその怒りをなだめていた。それを憂いたゴッド王は、戦いの神々である部下の大和天神たちを混原界に派遣。混原人と大和天神は、理想島ジパングをめざして旅立つことになった。それに先立って、混原人と大和天神の偵察隊はユーラシア大陸を進んでいた。やがて彼らは後発隊と合流することになるが、そこに地魔神の追撃隊たちが襲いかかる。

一方、ゴッド王と炎魔王の過去も明らかとなる。彼らはかつて超神星をめぐってブラックホールで戦っていた。ゴッド王は炎魔王に倒されてしまうが、超神星《ちょうしんせい》の背後神《はいごしん》がゴッド王を復活させ、全能パワーアップさせたという。

【情報】追加シールのパート2は3月頃に発表されたが、発売期間が短めだった。しかも総数の母数が増えたため、追加シールが出にくい状況になった。で、結局集めきれなかったという苦い思い出がある。

■2弾相関図

【物語】 ユラシア大陸を抜けると、混原人と大和天神の前には魔海が広がっていた。王海原《おーうなばら》ワタルが光の剣をふるうと、荒れ狂う魔海は真っ二つに割れて海底の道が現れる。彼らはそこを突き進み、新大陸パンゲリアをめざす。しかしそこに地魔神たちが現れ、二大地魔神ヘッド、岩魔《がんま》王《おう》と魔《マ》ッ破《ハ》が立ちふさがる。大和天神ヘッドの飛鳥王《あすかキング》は必死で彼らと戦ったのだが、ついに力尽きてしまう。そこへ飛鳥王の姉・ピーコックィーンが現れて、瀕死の彼を助けるのであった。一方、大和天神の七《なな》天神《てんじん》と、地魔神の六魔神《ろくまじん》は、それぞれ特別な役目を持つといわれている。そして激化する戦いのなか、勇《ゆう》神《じん》タケル、龍王魔神《りゅうおうまじん》、飛魔襲《ひましゅう》がパワーアップを遂げた。

【情報】 2弾のパート2として追加されたのは、ヘッド級のピーコックィーンのみ。このキャラは初の女性ヘッドとなるが、デザイン的にも秀逸でかっこいいこともあって、本作一番の人気を誇る。

Wシールの特徴生かし、妖怪たちが時空を超えて超変身!!

タイムスリップバトル

商品名	菓子種	製菓会社	オマケシール名	単価	総弾数
タイムスリップバトル	粉末コーヒー入り清涼飲料ほか	ベルフーズ	妖怪異種格闘技選手権Wシール	50円	3弾
タイムスリップバトルSP カチンカチン	レモン味粉末菓子ほか	ベルフーズ	妖怪異種格闘技選手権Wシール	50円	3弾

タイムスリップバトルSPはレモン味のほか、イチゴ味もある。パッケージにいるキャラはレモン味と同じだが、位置が異なる。

ヘラクロス、マリー・ゴースト、ヘビードラゴンが描かれた初期パッケージ。コーヒー味とココア味の2種類があった。

クレオパンドラ、マリー・ゴースト、魅神子が描かれた後期パッケージ。描かれているキャラは3弾に変更されたが、右端の謎の騎士はあいかわらずいる。

3弾から登場した新商品。キャラの顔の形をしたトレーに粉末、水を混ぜて固めて、ラムネを作ることができる。パッケージにはヘラクロス、メタル・フォーゼがいる。

【概要】カバヤの『ハリマ王の伝説』と同時期、1987年10月頃にベルフーズが発売。お菓子は固形の粉末入りインスタント飲料という変わったもので、お湯を入れて溶かすとコーヒーやココアになる（一見すると、タブレット清涼菓子に近い）。シールのほうは同社の『レスラー軍団抗争』と同じWシールで、1枚目を剥がして2枚目を見ると、キャラクターがパワーアップしたりパワーダウンする（サイボーグ化したり、復活強化したりする）様子がコマ漫画のように展開する。ただし、タイトル通り過去から現在、現在から未来など、時間・時空を行き来するというコンセプトになっている（時間を逆行する、飛び越えるパターンもある）。

副題に「妖怪異種格闘技選手権」とある通り、妖怪たちが東軍・西軍にわかれて抗争しており、それぞれ援軍として北東軍・南東軍、北西軍・南西軍が参戦。これらとは別の謎の勢力として北軍・南軍がいる。キャラのパラメータ（知力度、生命度、

■主要キャラクターたち

魔鈴涅

魔鈴坊が復活の書を使って蘇生させた、マリン姿の新たな姿

牙羅破護守

侵略者たちを退ける、ガラパゴス諸島を守る巨大ドラゴン

ヘラクロス

ピラミッドの奥にあった、黄金のカブトムシから復活した勇者

スライム幽霊

ブッラクホールから脱出した、巨大なアメーバ星雲戦士

メタル・フォーゼ

ハレー彗星からやってきた玉から成長した、メタル宇宙騎士

火魅蚕

古墳の一室にあったマユから目覚めた神々しき女神戦士

金剛石クラー剣

マリアナ海溝の底に沈んだ巨大クラゲが一振りの剣に変貌

アクランティス

西軍ヘッド。アトランティスを滅亡させた謎の神像から蘇った

クレオパンドラ

東軍ヘッド。エジプトの神殿にあったパンドラの箱から目覚めた

経験度を表す数値）、総合的な強さを表す格付けはシール表面に記載されており、また枠線で時代を表現するなど、細かい演出が仕込まれている。格付けは相撲の番付にならっており、一番強い横綱は3枚重ねのトリプルシールで、過去、現在、未来の3時代をタイムスリップしてパワーアップを重ねる強いキャラ、という意味合いをもたせていた。

正直お菓子自体はそのまま食べても、溶かして飲んでも微妙だったのだが、それでも本商品は順調に3弾まで継続。その3弾の頃には『タイムスリップバトルSP　カチンカチン』という新商品も登場している。この商品は、専用トレーに水と粉末ラムネを入れて固めるもので、ベルフーズお得意の実験系お菓子だった。オマケには一部の1~2弾シールも復刻混入されていた。ちなみに『別冊コロコロコミック』『コミックボンボン』『わんぱっくコミック』と、珍しく3誌で記事が組まれており、知名度の高さをうかがわせる。

■1弾相関図

西軍 ←対立→ **東軍**

西軍

ブル道山

闘犬チャンプが
サイボーグ化に失敗

マリン婆

アフリカの人魚も
1万年後には海の藻屑

クレタゼウス

クレタ島の科学者、
戦闘ロボとして復活

スＰリング羽姫

宇宙線の影響で小鳥が
神話の魔獣・ハーピーに

東軍

雷音丸

サイボーグとして
復活した獣剣士

ウバ貝

深海に住む
太平洋一の頑固ババア

破仁王

ハニワの王が
日本を守る闘神に

スーパー Now マン

氷穴に眠るナウマン象が
奇跡の復活

1枚目

2枚目

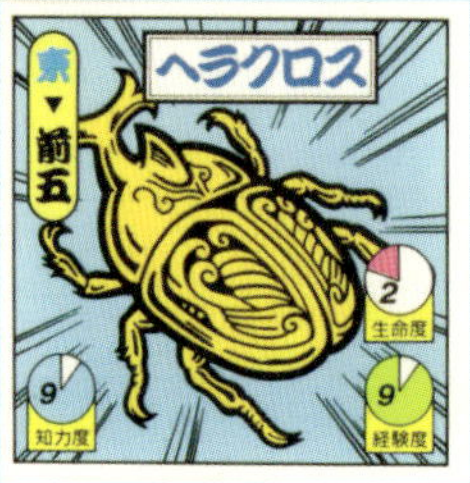

3枚目

[シールの特徴]
トリプルシール

横綱のキャラはトリプルシール仕様。1枚目が過去、2枚目が現在、3枚目が未来の姿を描いている。

【物語】格闘技王者を決めるべく、第1回妖怪異種格闘技選手権が開催されることになった。ここに妖怪たちはヘラクロスや破仁王《ハニオウ》、スーパーNow《ナウ》マンらを擁する「東軍」と、メタル・フォーゼやクレタゼウス、SP《ブ》リング羽姫《ハピー》らを擁する「西軍」に分かれて、バトルを繰り広げることになる。しかも妖怪たちはタイムスリップの力によって、過去、現在、未来と時空を旅しながら変身をし、果てしなき抗争を続けていく。

【情報】トリプルシールは当時『ガムラ』5弾の「ベン・K・ゴッド」ぐらいしかなかっただけに、かなりの売りになっていた。1弾のそれには〈トリプルシールおめでとう!〉という裏書きがあったほど。ただ集めていた人なら経験があるはずだが、横綱が一番強いはずなのに、実はプリズムの大関やアルミの関脇のほうが圧倒的に出にくかった。筆者も必死に集めていたのだが、横綱のほうがよく出たために、だんだんおめでとう感を感じなくなった覚えがある。

■2～3弾相関図

【物語】2弾では新たに、金剛石《ダイヤモンド》クラー剣《ケン》が属する「北軍」と、スライム幽霊《ゴースト》が属する「南軍」が登場した。それぞれ宇宙最強という武器をひっさげていたが、この謎の軍団の出現によって、新たな4軍団も登場。北東・南東が東軍に、北西・南西が西軍に援軍として加勢することになる。

3弾では東軍連合と西軍連合のバトルがますます激化。正規の東軍・西軍では、横綱の数が増えたり、白骨化したはずのマリン婆が魔鈴涅《マリンネ》として復活した。一方の北東・南東、北西・南西軍でも、未来から過去へ、過去から一気に未来へというパターンの妖怪が増えてきた。

【情報】2弾で自軍をパワーアップさせる透明シール（シールの2枚目が透明）、北軍・南軍の温感シール（1枚目を温めると絵が浮き出る）など、新しいタイプが登場する。また、2弾から登場した北東・南東・北西・南西の4軍は、サポートする援軍らしくパラメータが1つしかないのが特徴である。

シールで遊ぶ戦国ウォーゲーム。4弾でバトルものに!!

対決戦国時代

商品名	菓子種	製菓会社	オマケシール名	単価	総弾数
対決戦国時代	ギョーザ味スナック	エスビー食品	対決戦国シール	50円	3弾
対決戦国時代　超位相	焼きそばソース味スナック	エスビー食品	超位相シール	50円	1弾

2弾のパッケージには、伊達政宗、武田信玄、上杉謙信、羽柴秀吉、徳川家康が登場。政宗が大きく描かれているのは、この頃に放送されたNHK大河ドラマの影響だろう。

ゲーム仕様からがらりと変わった新展開のパッケージ。抗争をする信玄と謙信に加え、超位相の卑弥呼、坂本龍馬、源義経が居並ぶ。ギョーザ味から焼きそばソース味に変わったが、どちらも軽めな印象。

【概要】1987年頃にエスビー食品が発売したスナック菓子。当時はNHK大河ドラマで『独眼竜政宗』（87年）、『武田信玄』（88年）が放映された頃で、戦国時代ブームが起きていた。本商品はそんなブームにあやかったものだが、物語などはなく、戦国時代を舞台にしたウォーゲーム遊びができるようになっている。シールはその手札や駒として使うという設定だ。東軍・西軍に分かれての対決だが、関ヶ原の戦いの東軍・西軍とは関係なく、戦国武将の領土が東日本か西日本かでだいたい分かれている。またシールは、戦国武将、兵隊、姫、城、武器、忍者、お百姓さんなどのカテゴリに分かれており、パワーアップやデバフ（敵の攻撃力や防御力を低下させるスキルのこと）、マジックカードのような使い方をするものもある。基本的には1～3弾まで同じゲームで使うシールの種類が増えていくだけだが、新しいルールが追加されたことはない。ただ問題なのが、本商品は新しい弾が入れ替

■1～3弾分類

東軍

Aランク大名／大将格の武将

第三の天下人となった
三河の盟主・徳川家康

東北一帯を傘下におさめた
独眼竜・伊達政宗

参謀／Aランク武将を強化

「武勇」を代表する、
政宗の重臣・伊達成実

姫／武将を大幅強化

今川家人質時代に
家康と結婚・築山殿

Bランク大名／参謀はいないが強し

越後で鬼神の采配を振るった
名将・上杉謙信

最強の騎馬軍団を率いる
甲斐の虎・武田信玄

Cランク大名／一国一城の主

伊達家と並び称される
会津の武将・葦名盛氏

滅亡の危機を救った
下野国の武将・宇都宮広綱

忍者

敵のポイント数を探り出すのが役目

お百姓さん

いざという時の究極攻撃が
百姓一揆

城

大阪城、名古屋城、熊本城、
姫路城モデルがある居城

えではなく、追加されること。総数が増えた分、ゲームをする上で必須となる城や砦などのシールが出づらい結果となってしまった。これは将棋でいえば、歩ばっかり集まって王将が出ないようなもの。つまり、新規の人ほどゲームそのものができない状況に陥ってしまったのだ。

　こうした事態を考慮したのか、本商品は88年春頃に『超位相《ハイパー・ディメンション》』という副題がついた新シリーズにリニューアルした。今までのゲームとは無関係に、川中島の戦いを繰り広げている武田信玄側と上杉謙信側に、突然ほかの時代からさまざまな偉人たちがタイムスリップして加勢するという物語ものになった。偉人たちは、その才能がほぼ異能力レベルにパワーアップ（紫式部はハイパー兵器「エレキテル」の設計図を引き、運慶は仁王像を動かして魔神兵にしてしまう）。さらに松平家康の軍に徳川光圀が現れるなど、かなりカオスではじけた感があったのだが、残念ながら『超位相』は1弾のみで終了した。

西軍

Aランク大名／大将格の武将

農民から天下人となった
出世人・羽柴秀吉

室町幕府を滅ぼした
天下人・織田信長

参謀／Aランク武将を強化

黒田官兵衛とともに秀吉を
支えた軍師・竹中半兵衛

姫／武将を大幅強化

北政所として知られる、
秀吉の正室・ねね

Bランク大名／参謀はいないが強し

土佐から一時は四国全土を
制圧・長宗我部元親

薩摩国統一を果たした
島津家中興の祖・島津貴久

Cランク大名／一国一城の主

室町幕府の将軍を追放した
阿波国の大名・三好長慶

肥後の虎と称された、
秀吉配下の猛将・加藤清正

武器

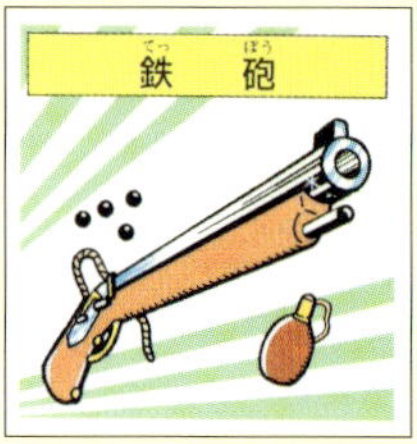

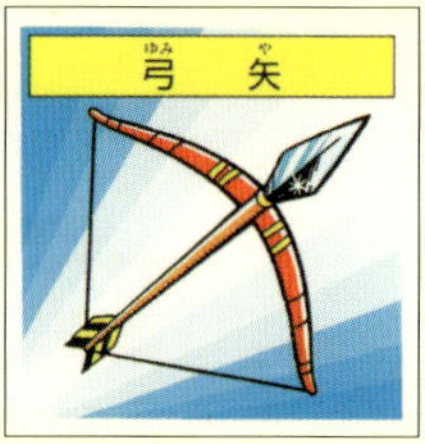

武器は戦闘時のパワーをアップさせる

兵隊

兵隊は戦場に駒を進めるために使用

1〜3弾の基本的な遊び方は、まず東軍と西軍に分かれたプレイヤーが、攻撃部隊（＝Bランク大名1枚、Cランク大名2枚、兵隊1枚）×3、砦（＝砦1枚、兵隊3枚、武器3枚）、城（＝城1枚、Aランク大名1枚、姫1枚、参謀2枚、Cランク大名4枚、兵隊4枚、武器2枚）、忍者2枚、お百姓さん2枚、鍬《くわ》1枚の計39枚でデッキを構築してマップに配置する。先攻後攻を決めたら、交互にサイコロを振って出た目の分だけ攻撃部隊を動かし、敵部隊と同じマスに入ったら戦闘開始。部隊の合計ポイントが多い方が勝ちとなり、負けた方はシールを没収される。こうして戦闘を繰り返し、部隊が城の隣接マスに到達すると攻撃でき、サイコロの出目によって敵のシールを城外に出していく。城以外のシールが全部なくなった時点で負けとなる。特殊な働きをするシールもいくつかある。敵部隊の合計ポイントを知ることができる忍者、敵部隊をサイコロの出目の2倍後退させるお百姓さんなどだ。

■超位相１弾相関図

【物語】時は永禄4（1561）年、9月10日。川中島一帯には、この季節特有の川霧が深くたちこめていた。武田軍は、川中島のちょうど真ん中の八幡原《はちまんぱら》に本陣を張り、山本勘介率いる兵たちは、妻女山《さいじょさん》に陣取る上杉軍を背後から攻めるときの声を待っていた。そのとき、一陣の風が八幡原を舞い、奇妙な服装をした人々が信玄の前に姿を現した。その中の一人で、結髪し、幅の広い布を体に巻き付けた女性は、自らを「卑弥呼」と名乗った。兵たちが驚きひるむなか、信玄はその女のほうに近付いていく。一方、偉人たちを送り込んだ学問の神・火雷天神《かいらいてんじん》は、武田軍・上杉軍に味方する偉人たちのほかに、源義経と稗田阿礼《ひえだのあれ》を送り込んでいる。彼らは火雷天神の指令を受けているらしいのだが、その目的はまだわかっていない。

【情報】普通の武将はノーマルだが、超位相キャラはすべてがWシール。1枚目が元の時代の姿、2枚目がタイムスリップ後となっている。

シールとフィギュアで激烈展開したSFファンタジー!!

銀河伝説バトラーの聖剣

商品名	菓子種	製菓会社	オマケ名	単価	総弾数
銀河伝説バトラーの聖剣	ウエハースチョコ	不二家製菓	バトルプレイングシール	30円	1弾
銀河伝説バトラーの聖剣	準チョコ菓子	不二家製菓	クロスアップ人形ほか	100円	3弾
銀河伝説バトラーの聖剣	ウエハースチョコ	不二家製菓	バトルフィギア	50円	1弾

フィギュア版1弾のパッケージ。フィギュア入りの上箱にはダリママが描かれているが、じつはシール版にしか登場していないキャラである。

ベルダ・キースとカッツェルが描かれたシール版のパッケージ。ウエハースチョコが入っていた。

オマケとしてジョイントプラのフィギュアが付いたことも。ベルダ・キースとアイラが描かれたパッケージはトレーが2分割されていて、右側にジョイントプラが、左側にココア味のウエハースチョコが入っていた。

【概要】1988年8月頃に不二家から発売された食玩シリーズ。物語は宇宙を舞台にしたSFファンタジーで、勇者ベルダ・キースと悪の帝王ダギマ軍との戦いを描いている。最大の特徴は、当初から複数の商品にブリッジしたオマケ展開をしたことで、ウエハースチョコにはシールが、チョコスナックにはクロスアップタイプ（『聖闘士《セイント》星矢《せいや》』のような、鎧パーツを装着させる方式）のフィギュアがオマケとして付いていた。シールとフィギュアの同時展開は当時かなり珍しく、それだけに注目も大きかった。実際、『コミックボンボン』で発売直前から記事が掲載され、定期コーナーも設けていた。

しかしシール版はすぐに打ち切りとなり、フィギュア版だけで続けていくことになる。そして1年ほどかけてフィギュア版は3弾までリリースされ、89年9月頃にはウエハースチョコのオマケとしてジョイントプラというフレーム付きのプラフィギュアが新登場している。

■シール版1弾相関図

【1弾物語】ウィンポリア12星団に、邪悪の帝王ダギマの魔手が迫っていた。勇者ベルダ・キースは、これを迎え討つべく、アイラなどの仲間と一緒に冒険に旅立つ。そして、岩に眠る勇者、ノビア、パースロット、カッツェル、アテモスを次々に解放し、惑星ドドで最後の勇者・ギーデルを蘇らせた。その後、惑星トロットでの戦いでは、3つの星が惑星直列となった瞬間、ベルダのクロスが黄金に輝き、ゴールドクロスとなる奇跡が起きた。

【情報】ベルダと伝説の5勇者はWシールになっており、5勇者のほうは1枚目が封印された岩、2枚目が封印解放後の姿という演出がなされている。キャラクターデザインはアニメ調だが、意外と注目なのがレイアウト。例えば、主人公側は右上に、敵側は左上にキャラ名を置き、所属別にシールのフチに沿った枠デザインを変えている。一部キャラクターの背景には武器のパーツが見えており、合わせると武器が完成する。

■フィギュア版

ダギマ軍

←→ 対立

勇者&戦士隊

ダギマ軍

1 弾

左のブハレッチは殻部分を下に押し込めると防御体制のようになる。右のチョロッピはミサイル部分を底から押すと、伸びる仕掛けに。

2 弾

左のブレンバレッジはブハレッチの発展型で、砲身部分が少しだけ上がる。右のペティナビットは目玉が飛び出すボスベティの発展型だが、可動ギミックが消滅。

3 弾

左が帝王ダギマ。禍々しいお面を外すと、その正体が現れる。右の司令官ポーリーもヘルメットを外すと、人間の顔が現れる。

勇者&戦士隊

1 弾

左がギーデル。頭部の防具はヘルメットではなく、前面のみに装着する。右のノビアはヘルメットを頭に、銃を右手に、盾を左手に装備できる。

2 弾

左がベルダ・キース。右がアテモス。ともに後ろからバイオクロスパーツを被せる方式だ。

3 弾

左のベルダ・キースはバトラーの聖剣などの武器をつけられる元のタイプに。右のゴーキはヘルメットのバイザー部分が可動し、素顔を見ることが可能。

【2～3弾物語】ベルダたちが次に向かった惑星ガシャはダギマによって大気成分が変えられており、勇者たちのクロスがドロドロに溶けてしまった。この危機にかけつけた伝説の聖獣フォラルは、自ら体を生体変化させ、思考能力をも備えたクロスに変身した。そしてベルダと合体。ほかの勇者たちもコブラやドラゴンといった生物をベースにしたバイオクロスを手に入れ、危機を脱した。さらにベルダたちは次なる惑星バーバーに向かう。そこで彼は、伝説の英雄が身にまとっていたという武具、サイバークロスを入手した。これは、高分子集中素材でできており、自己修復機能があるというニュークロスだった。一方、ダギマ軍の秘密も徐々に明らかとなり、ダギマの正体がまさかの人間だった可能性が出てきた。

【情報】フィギュア版は塩ビ消しゴムとプラパーツを組み合わせたもので、勇者側とモンスター側で遊びが異なる。勇者側が組み替え遊びもできる鎧装着式で、モンスター側は目玉や

■フィギュア版2～3弾パッケージ

フィギュア版2弾のパッケージ。ベルダ・キース、アイラ、カッツェルらがいるが、格好はフィギュアになっていない幻のデザイン案のほうが採用されている。

フィギュア版3弾のパッケージ。フィギュアにもなっているサイバークロス版ベルダ・キースやアイラのほか、フィギュアになっていないアニゼットもなぜかいる。

■ジョイントプラ版

勇者&戦士隊

上段がベルダ・キース、下段左からアイラ、マリーアルノー、スターブル。キャラの下に見える謎の文字は、第三言語という彼らの世界の文字である。

対立

ダギマ軍

上段がアニゼット、下段左からダギマ、オロキム、ポーリー。ジョイントプラはすべて、裏面を見ると日本語での名前がわかる。

ミサイルが飛び出す可動式である。とくに勇者側のフィギュアは鎧や武器を組み替えたり、改造したりしてオリジナル装備を楽しむことができ、『ボンボン』でもそのアイデアを募集していた。また、1弾後期には物語的にベルダ・キースが黄金に輝いたことから、金メッキパーツバージョンも登場した。

その後フィギュア版は、2弾がフィギュア全体を背中から覆うバイオクロスだったため、組み替えが限定されたが、89年9月頃に発売された3弾では再びクロスアップタイプに戻った。さらに、タイトルにもなっている「バトラーの聖剣」、「バスター・ランチャー」のような武器セットも登場しており、組み替え遊びに幅が広がった。また、新アイテムとして、ジョイントプラ版も同時発売された。これは、レリーフのようなライナーにキャラクターの小型造形がついている単色成型のプラアイテム。四隅の凸凹を噛み合わせて、プラ同士をつなげることができる。

森永がタカラと組んでオマケシールに参入した意欲作!!

戦国大魔人

商品名	菓子種	製菓会社	オマケシール名	単価	総弾数
戦国大魔人	ウエハースチョコ	森永製菓	バトルマンシール	30円	2弾

1弾のパッケージ。対立し合う3つの軍団からそれぞれ、秘魔神、紅毛里、探血騎が登場している。メインの秘魔神はWシール2枚目のイラストを起用。お菓子のウエハースは森永独特のチョコ部分がしっかりしたタイプで、食べ応えがあった。

割り符持ち（表）

割り符持ち（裏）

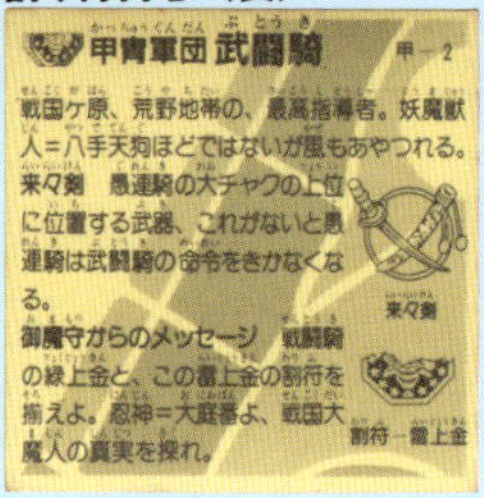

守護神

[シールの特徴]
裏に描かれた合わせ絵

割り符持ちのキャラには、裏側に戦国大魔人の姿の一部が描かれている（次頁参照）。また2弾では、彼らの守護神が登場したが、こちらはスモークをかけたWシールという特殊なもの。

【概要】1988年に森永製菓が満を持してオマケシール市場に参入した商品。お菓子はウエハースチョコ。企画は『貝獣物語』や『ふしぎ星の☆ふたご姫』などを手がけたBIRTHDAYが担当している。物語は架空の和風世界・戦国大陸を舞台にした3軍団の抗争もので、甲冑《かっちゅう》軍団はメカ系の武将、忍神《にんじん》は忍者、妖魔《ようま》獣人《じゅうじん》は動物系妖怪といった特徴がある。各軍団とも、タイトルにある「戦国大魔人」という魔神を呼び出して覇権を握ろうとしており、その重要なアイテムがキャラの背景に描かれていたり、裏紙を使って合わせ絵をするなど、仕掛けに凝った作りとなっている。

その後2弾も発売されるのだが、復活した戦国大魔人によって3軍団はなんとほぼ全滅してしまう。そこで死亡したキャラの守護神たちが、バウンティハウンターを雇って、再びアイテム争奪戦を繰り広げるという展開になる。この2弾でも合わせ絵やWシールを駆使するなど、仕掛

戦国大魔人

5つの割り符が揃って復活するや、3種族をほぼ全滅させた破壊神

■主要キャラクターたち

秘魔神

神々に選ばれた忍神一族の最高指導者で、忍術を使いこなす

戦闘騎

カチュウという不思議なスーツを着た甲冑軍団の司令官

闇妖魔人

謎の生命体の組み込みを待っている、妖魔獣人最強のロボット

影兜魔人

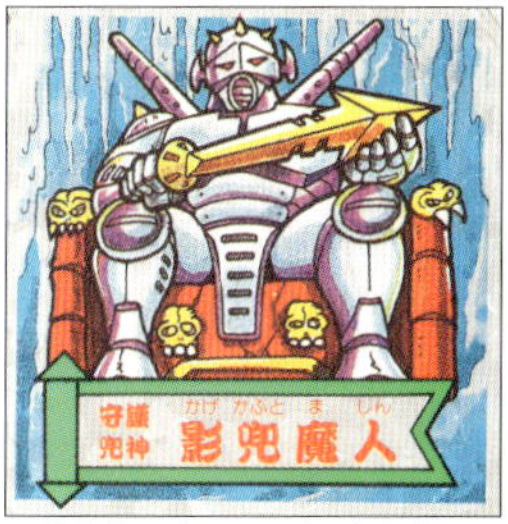

魂帝箱の中にある謎の生命体が必要な、甲冑軍団最強のロボット

八手天狗

宇宙からやってきた妖魔獣人の首領で、魔の樹海を支配する

けによる演出を重視していた。

また本作は、タカラ（現・タカラトミー）から吸盤付き塩ビ人形（1弾キャラ）と、守護神であるソフビ人形のセット玩具も発売されている。この塩ビ人形は、発射台となる人形の差し込み口にセットし、空気圧で飛ばして遊ぶというもの。単体10種と、忍神4種&秘魔神《ひまじん》セットがあり、いずれも古文書と称するオリジナルシール（バック違いのノーマル）が付いていた。このように関連商品まで登場していたのに、本商品に関しては当時から謎が多い。メディア露出は『コミックボンボン』が最初なのだが、掲載時期の頃に関東圏で発売されたことがなく、2弾にいたっては発売されたかどうかわからないまま。結局後年に中古市場で出回ったことでようやく存在が確認された、というくらいレアなものとなった。こうした、作品の出来そのものとは無関係な部分で箔《はく》が付いてしまった本商品は、ある意味シールブームの混沌を象徴しているともいえる。

■1弾相関図

忍神族

御魔守

忍神のヘッド。秘魔神の意思を矢文で伝える

頭痛鬼

脳心の印がないと生きられない

脳心

忍神族の最長老で、知恵袋。頭痛鬼の暴走を抑えてもいる

雲堂海

秘魔神から習得した雲の術という技を使いこなすくノ一

対立

甲冑軍団

武闘騎

戦国ヶ原の荒野地帯にいる最高指導者

爆砲騎

戦国ヶ原の南にある運湖の入口を守る番人

双砲騎

戦国ヶ原の中央にある砂漠に潜む

女砲騎

美人だが、顔に似合わず残忍な攻撃を仕掛ける

対立

対立

妖魔獣人

龍王

魔空砦を支配する、悪賢いやつ

怒裸魔

魔渓谷の中心部に潜んでいる獣人

雷怨

怒裸魔の妖術で妖魔獣人に変えられた

紅毛里

魔洞窟に潜んでいる。樹海を支配する八手天狗の娘

【物語】戦国大陸では、秘魔神率いる忍神、戦闘騎《せんとうき》率いる甲冑軍団、八《やつ》手天狗《でてんぐ》率いる妖魔獣人の3軍団が、覇権をめぐって争っていた。この大陸には戦国大魔人という魔神の存在が伝わっており、目覚めさせるには全部で5組ある割り符を揃えなければならない。現在割り符はすべて2つずつに割れたままとなっており、忍神の御魔守《おまもり》と頭痛鬼《ずつうき》、甲冑軍団の戦闘騎・武闘騎・爆砲騎《ばくほうき》・双砲騎《そうほうき》、妖魔獣人の八手天狗・龍王《りゅうおう》・雷怨《らいおん》・怒裸魔《どらま》の10人が保有している。神から選ばれ、忍術を使う忍神。カチュウという不思議なスーツを装備する甲冑軍団。宇宙からやってきた、妖術使いの妖魔獣人。彼らは魔神の力を手に入れるべく、割り符の争奪戦を繰り広げる。

【情報】右の10人には、背景に割り符が描かれている。さらにシールの裏紙には合わせ絵の一部が描かれており、合計20枚（割り符持ちの10人、残りの忍神10人）を組み合わせると、戦国大魔人の巨大な絵が完成する。

■2弾相関図

【物語】戦国大魔人が動き出したことで、3軍団はほぼ全滅。生き残った忍神の秘魔神と脳心《のうしん》も長い冬眠に入ったが、死亡した者たちの守護神たちはまだ存在していた。しかし彼らは実体がないため、金でバウンティハンターを雇うことになった。忍神族の守護神は、神様や妖怪をモチーフとしたバウンティハンターを。甲冑軍団の守護神は、昆虫などの生物をモチーフとしたバウンティハンターを。妖魔獣人の守護神たちは、世界の民話などをモチーフとしたバウンティハンターを世に放った。そして、戦国大魔人や影兜《かげかぶと》魔人、闇妖《やみよう》魔人といった軍団の守護神を動かすのに必要な「謎の生命体」が入っているという魂帝箱《たまてばこ》を探し出すバトルが始まるのだった。

【情報】守護神たちは1枚目が赤か青スモークのWシールで、実体がないことを演出している。逆に生き残った秘魔神と脳心は、角度で絵柄が変化するチェンジングシールで、現在の姿と守護神の姿が現れる。

騎士VSドラゴン！　6弾まで続いた知られざるヒット作!!

バトル騎士

商品名	菓子種	製菓会社	オマケシール名	単価	総弾数
バトル騎士	ソーダ味アイスほか	マーメイド	騎士軍団 vs ドラゴン軍団シール	50円	6弾

聖輝騎士ヘリオス、魔凍龍司ブリーザが描かれたアイス版の後期パッケージ。どちらもホロシールのキャラなので、着色版が見られるのはパケだけ。ソーダ味のアイスのなかに、ラムネ菓子がそのまま入っていた。

騎士王アーサー、妖精王グロリア、魔龍王デビルが描かれたスポーツドリンク版のパッケージ。

スポーツドリンク版と同じラインナップのチョコ版パッケージ。なぜか全員カラーリングがシールと異なる。

愛知県豊橋市にあるアイスや菓子などを販売する会社、マーメイドが1987年頃に発売。実はシールブーム初期からの古参タイトルである。雑誌メディアで紹介されることはなく（ムックや書籍のみ）、物語も基本設定くらいしかわかっていないが、6弾も続くほど一定の人気があった。当初はアイスだけの販売だったが、その後ウエハースチョコやピーナッツボール、スポーツドリンクなどでも展開。後期はどちらかというと、ウエハースチョコのほうがメイン商品となっていった。

世界観はSF寄りの正統派ファンタジーで、騎士軍団&妖精たちとドラゴン軍団の抗争を描いている。三すくみのような格好ではないが、キャラクターはすべて、侵略側のドラゴン軍団、迎撃する騎士軍団、騎士をサポートする妖精軍の3勢力に分かれている。物語としては、西暦2555年、平和なジェントル星に、暗黒支配を狙う魔龍王デビルがドラゴン軍団を率いて侵略を開始。そこ

■1～6弾相関図

で、ジェントル共和国の騎士王アーサーは、空界の青空軍《ブルーフライダース》・地界の赤陸軍《レッドアーミーズ》・念界の黒念軍《ブラックエスパーズ》の3騎士団《スリーナイターズ》を結成した。そして、聖妖精母《セントフェアリーマザー》オローラが率いるクイーン星と友好関係にあったことから、3騎士団は妖精パワーアップを得て、反撃に立ち上がる。次々に増殖し、凶暴化するドラゴン軍団と、戦いに参加する新勇者たちの激しいバトルウォーズが繰り広げられる。

特徴としては、初期から展開していた当たりシールキャンペーンがある。スペシャルシール2枚を送ると96ミリ角という特大の「聖バトルシール」が、ゴールドシールを送ると「オリジナルシールアルバム」が、バトルブック当たりシールは店頭で「バトル騎士ミニブック」がもらえた。とくに「聖バトルシール」は、ほかの商品では手に入らないほど巨大な豪華シールだっただけに、本商品の大きな目玉となった。なお、デザインは、『ビックリマン』を手がけたグリーンハウスである。

はまったら病みつきに！ RPGの傑作がこれだ!!

魔空の迷宮

商品名	菓子種	製菓会社	オマケシール名	単価	総弾数
魔空の迷宮	ウエハース	エスビー食品	すごろくモンスターシール	30円	3弾

1弾のプレイキャラクターであるファイター（女）とファイター（男）、ダークサイドモンスターのサイクロプスが描かれた初期パッケージ。お菓子はチョコウエハースに見えるが、実はバニラウエハースである。

何種類かある3弾パッケージのうちの1つ。イリュージョニスト、コボルドは3弾のキャラだが、右下のハーピイは1弾のキャラである。

1987年頃にエスビー食品としては珍しいウエハースを発売。シールは、同社の『対決戦国時代』と同じく、集めてゲームを楽しむもの。ダンジョン系のロールプレイングゲームで、ロッテの『ネクロスの要塞』よりは後発だが、同じタイプといえる。世界観は正統派ファンタジーだが、とくに物語は設けられていない。

1弾の時点ではヘッドがなく、プレイヤーの分身となるキャラクターは魔法攻撃が得意な「ウィザード系」、武器戦闘が得意な「ファイター系」などに分かれている。他には敵となるダークサイドモンスター、プレイヤーの味方となるライトサイドモンスター、「財宝」などのラビリンス、といったカテゴリに分類されていた。2弾でヘッドが初めて登場し、モンスターやキャラに「アドバンス」という強キャラカテゴリが加わった。3弾からは、「ウェポン&アーマー」、「マジック&ツール」というアイテム系シールも新たに登場。どんどん遊びの幅が広がった。

好きな時に救援

ライトサイドモンスター

パラディン

神父に弱いモンスターには無条件で勝利

ワルキューレ

死んだ勇者の魂を天国に導く、戦いの女神

ダークサイドモンスター

戦闘

ルシファー（サタン）

ダークサイドモンスターを操る魔空の王

ブラック・ドラゴン

500年以上生きていて、魔法以外には圧倒的な強さ

ファイヤードラゴン

火山のマグマの中に潜む炎のドラゴン

プレイキャラクター

ウィザード（女）

虹の聖衣をまとった、強力な魔法の名手

青の騎士

青く輝くオリハルコンの盾と鎧を持つ騎士

スティーラー

動きがすばやく、罠を見破るのも得意なファイター系

ウェポン&アーマー

何度でも使える魔法の武器とヨロイ

マジック&ツール

使用制限のある効果的なパワーアップアイテム

ラビリンス

簡単に遊び方を説明すると、まず迷宮の門、迷宮の出口をはじに置き、その間にモンスターやラビリンスなどを並べて、迷宮を作る。好きなキャラを選んだらサイコロを振って、すごろくの要領で迷宮の門からスタートし、ダークサイドモンスターのマスに止まった場合は、戦闘となる。まずサイコロを振って、その出目とモンスターのレベルによって、体力による武器攻撃か知力による魔法攻撃かを決定。次にもう一度サイコロを振り、キャラとモンスターのポイントの差の数以下の出目が出れば勝ちとなる。この戦闘を繰り返していき、10体倒すごとに体力か知力に1ポイント増加。負けは1回で1ポイント減少し、体力か知力が0になるとゲームオーバー。ライトサイドモンスターのマスに止まった場合は味方につけてその後の戦闘でいつでも1回だけ召喚でき、ラビリンスの場合はサイコロを振って裏に書かれた指示に従う。こうして最終的に迷宮の出口にたどりつけばアガリとなる。

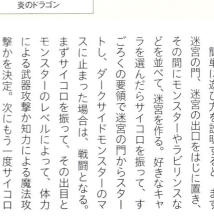

頭・胴・尾が異なる自分だけの進化生物が作れる!!

ガッキンドッキン

商品名	菓子種	製菓会社	オマケシール名	単価	総弾数
ガッキンドッキン	コーンスナック	東鳩製菓	超進化合体ダブルシール	30 円	2 弾

[シールの特徴]
W シール

1枚目

2枚目

W シールの 1 枚目は進化前、2 枚目は進化後の姿が描かれている。2 枚目は進化合体生物のどこかのパーツとなる。

2弾のパッケージ。聖進化生物のひとり、龍オーの雄々しい姿がメインに描かれている。

1弾のパッケージ。中央の冒険家はシールと関係ないが、その周囲にはポーポプラーやマイポネピーなどの姿が見える。お菓子はうまい棒のようなコーンスナックが2本入りなので、なかなかコスパがいい。

1987年夏頃に東鳩製菓（現・東ハト）が発売した、オマケシールブーム初期の商品で、お菓子はコーンスナック。不思議なエネルギーで邪悪に進化した邪進化生物が、混沌世界「カオス」の中心・天柱《てんちゅう》へ進撃。これを受けて、善なる心は天柱を守るために聖進化生物を誕生させて対抗する、といった内容である。シールは縦長のWシールで、2枚目は聖進化または邪進化後の姿が描かれており、それぞれ進化生物としての頭・胴・尾のいずれかになる。裏書きには「邪1A」といったナンバリングがあり、それぞれ所属軍団、軍団ごとの通しナンバリング、進化後の組み合わせパーツ（Aが頭、Bが胴体、Cが尾）を表している。「1A、1B、1C」のようにナンバリングで決まった組み合わせの合成生物を作るのが基本だが、聖進化・邪進化とも2枚目の絵のつなぎ目が合わさるようになっている。例えば「1A、5B、4C」のようにバラバラに組み合わせれば、自分だけのオリジナル合成

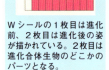

聖進化生物

山アラシ	闇ナベゾ	桃ガー	龍オー	聖マーダ	星サファイア

森に住むおとなしい生物。聖竜ラシナゾガーの頭部に進化	夜行性のいたずらもの。ラシナゾガーの胴部に進化	森をも吹き飛ばす。ラシナゾガーの巨大な尾に進化	海ネコロンの声に反応した、邪クーンのライバル	聖六星力のメダルをつけられ、邪進化生物が聖転化	オールレーズンでパワーアップする三聖人の弟子

↕ 戦闘

邪進化生物

邪ポール	邪ポップ	邪バラー	邪クーン	邪クリーン	邪ケーダ

天柱征服を狙う極悪生物。ポーポプラーの頭部に進化	黄金に取りつかれた裏切り者。ポーポプラーの胴部に進化	土の中を這いまわる汚い生物。ポーポプラーの尾部に進化	天界を追放された邪天使から邪力を授かった軍団長	邪天使の配下で、神々の世界の乗っ取りを企む女戦士	邪天使の配下で、愛と希望を食ってパワーアップする

生物が完成する、というわけだ（ただし、聖進化と邪進化の合体は不可）。このオリジナル合体が本商品の大きな売りで、1弾は全部でノーマル45種類あるが、合体の組み合わせは855パターンにものぼる。

その後発売された2弾では、1弾の舞台である天柱第一階層での激戦が邪進化軍の勝利と判明。邪《じゃ》パンダと岩《がん》ロックが相討ちして死亡したり、川《かわ》ウッソーが行方不明になったりと、聖進化生物側で多くのキャラが倒れてしまう。一方の邪進化側も、邪《じゃ》マイカーと邪《じゃん》ポールがもめたりするなど、混沌とした展開になった。

そして2弾で舞台が第二階層へ移ると、影の黒幕と目される邪天使の配下である邪《じゃ》クーン、邪《じゃ》クリーン、邪《じゃり》ケーダの3人衆が登場し、邪進化軍を統率していく。これを知った天柱の神・三聖人は弟子の陽《サン》オイル、月《ムーン》ライダー、星《スター》サファイアの3人を呼び寄せ、聖進化軍に加える。2弾では、邪進化の3人衆、聖進化の3人が、初めてのプリズムとなっている。

地底迷宮を脱け出すため、両面シールの謎を解け!!

地界魔伝　オムロの謎

商品名	菓子種	製菓会社	オマケシール名	単価	総弾数
地界魔伝　オムロの謎	ウエハースチョコ	森永製菓	謎にせまるモンスターシール	50円	1弾

この赤いパッケージにいるモンスターも、シールになっていない。2弾に登場する予定だったのだろうか?

パッケージは全部で4種類もある。この金のパッケージの中央にいるモンスターは、シールになっていない。

紫のパッケージには、屍体の集合体であるグスロムがいる。お菓子のパッケージに屍体キャラというセンスが光る。

緑のパッケージはギーガスがメイン。お菓子はココアウエハースチョコで、しっかりした味わいだった。

1988年5月頃に森永製菓が発売。お菓子はウエハースチョコで、シールには地底迷宮に住むモンスターや魔法使いたちが描かれている。後発タイトルにしては珍しくヘッド級の設定がなく、全36種類の混入率は均一になっている。ただしこのノーマルシールが、裏紙にも特殊加工をした両面シールになっており、趣向を凝らした仕掛けとなっている。

表側のシールは、もちろんモンスターなどのキャラクターがややグロテスクなタッチで描かれている。一方、裏側のシールには、そのモンスターが持っている地底迷宮マップの一部が記されている。このマップ側のシールはセピア系でざらついた質感の紙になっており、いかにもダンジョンのマップらしい演出が施されている。そしてマップは12枚1組の絵合わせになっており、地底迷宮全体の大きな地図になる。またこれとは別に、各エリアには魔法使いが4人ずつおり、裏側のシールをあわせると東西南北を示す魔法地図が完成

タスターナ

ギーガス

奇声を聞くと、
恐ろしい幻覚を見てしまう

ジュテイエル

美しい声で歌っている
水先案内の怪美女

ヴォーガ

眠りを邪魔されると
凶暴になる樹霊

ウェルザ

タスターナの魔法使いの一人。
地底太陽を創造した魔女

ジスジェラス

メタ・ファイアー

オイルの川の油を
がぶのみする火炎魔人

メケルバー

人間の300倍の
視力を持つ目玉

ジャラガス

動物たちの亡霊が
しかばねを寄せ集めて復活

ゴールダ

ジスジェラスの魔法使い。
金の剣を正義者に与える魔女

［シールの特徴］両面シール

表面

裏面

表面にはキャラの、裏面にはマップのシールがある。裏面シールをめくらないとキャラの詳細がわからない仕組みだ。

バーザス

ガザール

奇怪な儀式をする
怪しい部族

ファラ

バーザスで判明している唯一の魔法使い。炎の魔力を持つ

する。ユーザー（設定はないが、おそらく勇者か冒険者のような立ち位置となる）は、この魔法地図と地底迷宮の地図をそれぞれ完成させ、「レムーアの海の彼方から乾いた風が流れつく時、深く垂れ込めた雲が消えてほんの一瞬デフロス山脈の全貌を見渡すことができる」（春の魔法使いファンデル）といった魔法使いのお告げ＝謎を解く暗号をもとにして、次の地底迷宮へと通じる出口を探していくことになる。

1弾の舞台となるのは、埋没した伝説の大陸「タスターナ」、燃えさかる金属の荒野「ジスジェラス」、魚神ガラークの浮島といわれている「バーザス」という3つのエリア。前者2つのエリアは12体のモンスター＆4人の魔法使いが揃っているが、バーザスだけは3体のモンスター＆1人の魔法使いしかなく、数が足りていない。これは明らかに2弾を想定していたからだと思われるが、残念ながら1弾だけで打ち切りとなってしまった。

発売時から話題沸騰！　動物擬人化キャラが大乱戦!!

封印剣ザニマ

商品名	菓子種	製菓会社	オマケシール名	単価	総弾数
封印剣ザニマ	コーンスナック	東鳩製菓	ザニマシール	50円	1弾

フライング・イーグルをメインとするパッケージ。覗き穴があるが、コーンスナックが見えるだけである。

ゴールド・レパードをメインとするパッケージ。カールのようなコーンスナックで、香ばしい味わいだった。

東鳩製菓が1988年4月頃に発売したコーンスナック菓子。同社としては87年から発売した『ガッキンドッキン』に続くオマケシールで、どちらも企画は『天外魔境』や『サクラ大戦』で有名なレッドカンパニー（現・レッドエンタテインメント）である。

物語の舞台は、ピジョン大陸。千年の眠りから覚めた創世神ザニマは、動物たちが勝手に進化し、ごったがえしているのを目撃した。驚いた彼は、封印剣で動物たちを封印しようとするのだが、目の前に鏡があったことに気づかず、逆に自分が封印されて石像になってしまう。この噂を聞きつけた5つの王国が、ザニマ神の封印剣をめぐって争うというもの。

5つの王国は動物の種族ごとに構成されており、虫族・鳥族・魚族・獣族・八生族《はっせい》（＝爬虫類と両生類）に分類されている。それぞれ8体ずつが所属しており、これとは別に、ザニマなどの神・悪魔がヘッド級として5キャラいて、総計45種類とな

獣族

ゴールド・レパード

ジャンゴール王国を
治める密林王

サイ・キック

硬い皮膚と念動波を
武器に戦う超能力師

神&悪魔

ナナホシ天

ザニマが造り出した、いつも
笑顔の女神。星を生み出せる

神切魔

ザニマが造った悪魔は正義の
心もハサミで切り裂くように

虫族

アイアン・ビートル

鋼の心と体を持つ、
若きウッドリカ国王

颯爽リーザ

剣技の冴えはピカイチな
美少女天才剣士

八生族

ブラック・コブラ

大陸支配の野望に燃える、
陰険なサバンナム国の悪徳王

黒子太夫

八生拳の総帥で、人を闇から
闇に葬る暗殺拳の使い手

鳥族

フライング・イーグル

ウッドリカ国と領空問題を
抱えている飛翔王

アセダック

太っていて羽毛が生えている
ため、汗っかきな忍者

魚族

フィッシュ・エンジェル

海に全生物を戻そうとする、
シーオン国を統治する女王

サヨリちゃん

ファンが多い、レークニアに
棲むおちゃめな魔法使い

る。『ビックリマン』のまじゃりんこを彷彿とさせるダジャレセンスと、今でいう擬人化キャラのようなデザインが絶妙で、発表当時から話題沸騰であった。シールサイズは55ミリ四方と大きめで、ヘッド級の5人がプリズムとなっている。

メディア展開は『わんぱっくコミック』が88年5月号から記事紹介しており、漫画版も原作・吉川兆二（後年、『ビックリマン2000』のプロデューサーとなる）、作画・愛沢ひろしのコンビで連載していた。勇者を募る格闘技大会で偶然優勝してしまったアセダックは、全壊した会場の修理費を払う代わりに封印剣を探す任を託される。そして準優勝のサイ・キック、3位の颯爽《さっそう》リーザもお目付役として一緒に旅立つという内容である。そんな彼らに対し、同じく封印剣を狙う悪魔・神切魔《かみきりま》や彼に脅されたブラック・コブラらが、次々に刺客を送ることになる。シールそのものは1弾で終了したが、漫画版は休刊となる89年1月号まで続いた。

おちゃめな妖精たちが大集合した、女の子向けシール

妖精のおまじない　チャニチャニアブゥ

商品名	菓子種	製菓会社	オマケシール名	単価	総弾数
妖精のおまじない　チャニチャニアブゥ	準チョコ菓子	カバヤ食品	妖精のおまじないシール	30円	2弾

ひまわりの妖精とみつばちのルーイをあしらったパッケージ。お菓子は『ハリマ王』と同じくパフ入りのチョコだった。

［シールの特徴］チェンジングホログラム

1つ目の顔

2つ目の顔

妖精のホロヘッドは、角度によって顔が変わる。ふだんと怒っている時、仮面と素顔など、キャラによって変化はさまざま。

1988年夏頃にカバヤ食品が発売。『ハリマ王の伝説』と同じタイプの準チョコ菓子である。シールブーム当時、女の子向け商品がいくつかあったが、その一つである。細かい物語はないが、世界観は、おまじないをつぶやくと助けてくれたり、いたずらしたりする花の妖精たちがいるというファンシーなもの。シール自体も四つ角が丸くカッティングされており、全体的にかわいらしさを演出している。パッケージの説明もこんなノリで書かれている。

「魔法のおまじないをつぶやくと、ほらっ！　そこに不思議の国の扉が開くわ。でもね。ちょっぴり気をつけて。いたずらな妖精だっているんだから。そんな時は〝チャニチャニアブゥ〟って言ってみて。お花の妖精たちが、きっとあなたを助けてくれるから……」

また裏書きのナンバリングマークによって、だいたいの種族に分かれている（ただし種族名などはない）。花の妖精はマークが「花」か「星」で、

妖精（星）

黒バラの魔女

人の気持ちを
思い通りにできる魔女

くろゆりの戦士

ライバルに負けたくない、
勇敢な女戦士

ストレリチアの魔法使い

なんでも1番に
なってしまう女王

つゆくさの魔法使い

メソメソしている女の子が
嫌いないじめっ子

妖精（花）

白バラの仙女

さみしいときは、みんなを
ばら色の明日にする仙女

フリージアの魔法使い

自分もみんなもきれいに
なりたい、かわいい魔法使い

ふようの巫女

人前は苦手だけど、
みんなの幸せを願う巫女

みずあおいの妖精

雨が大嫌いで、雨を
お天気に変えちゃう妖精

動物（スペード）

てんとう虫のイール

一度も宿題をやったことが
ない、てんとう虫

すずめばちのラグ

女の子らしいお手伝いが
嫌いな、すずめばち

動物（ハート）

ちょうちょのパプリ

かわいいものが
大好きな、ちょうちょ

はちどりのトート

みつばちのルーイと
いつも一緒の、はちどり

「花」のほうはお助け系のおまじないをかける妖精で、「星」はいじわる・わがまま系のおまじないをかける妖精となっている。このほか、動物や昆虫の妖精もおり、マークは「ハート」と「スペード」の2種族。前者がお助け系で、後者がいじわる・わがまま系のおまじないを示している。ちなみにおまじないは、黒バラの魔女が唱える「ディグディ・ダグディーム」だと「人の気持ちを思い通りにできる」。フリージアの魔法使いが唱える「ティーブル・チャニブル」だと「かわいい女の子になれる」といった具合。

当時オマケシールを紹介する雑誌は男の子向けコミック誌ばかりだったからか、本商品がメディアで紹介されることはなかった。しかし、当時から高学年以上の『ビックリマン』ファンらの目には止まっていて、マニアックな人気があった。2弾60種類発売されている。ちなみに、本作も企画やデザインの担当は、レッドカンパニーである。

妖怪や魔物キャラが13体ずつ。集めるとトランプになる!!

ほん魔界な!?

商品名	菓子種	製菓会社	オマケシール名	単価	総弾数
ほん魔界な!?	準チョコ菓子	松尾製菓	魔界シール／4魔境シール対13使徒シール	50円	2弾

魔界道士をメインに描かれた1弾のパッケージ。右上でトランプをしているのは、おそらく日出輪魔や河童来仙人などだろう。チョコがけスナックを固めたお菓子はサクサクした食感で、満腹感を得られた。

2弾のパッケージ。同じく魔界道士がメインにおり、右上にはうずしおまねきなどがいる。攻撃しているのはおそらく13使徒だろう。

『めざせまるきん』をリリースしていた松尾製菓が別路線をめざして、1987年秋頃に発売。お菓子はチョコがけのコーンフレークを固めたもので、トランプを意識したシール&カードが付いていた。物語は、悪のはびこる魔界に潜んでいた大魔帝が、自分が自由に操れる4つの「魔空」を作り出したことに始まる。シールに描かれているのは、4つの魔空に住む妖怪や魔物のようなパロディキャラで、それぞれ13体ずつ。A〜Kまでのナンバーが入っており、ジョーカー扱いの魔界道士を含めてコンプすると、トランプが完成するというわけだ。また、所属する魔空ごとにシールの仕掛けが異なるのも特徴で、「幻天魔空」のキャラは温感シール、「転生《てんせい》魔空」のキャラは2枚目が銀アルミのWシール、「逆転魔空」のキャラは逆さ絵、「変害魔空」のキャラは隠し絵となっている。

2弾では大魔帝が滅んだ後、魔空の中に潜んでいた死仁牙身《しにがみ》が4人の

■1弾

転生魔空

いったん死んだ者を
よみがえらせた魔空。
海の独裁者ヒットデー、
実態は悪魔教歌手

幻天魔空

自然現象に魔力を
持たせた魔空。
五呂比加鈍は、癇癪を
起こすと雷鳴を発生させる

変害魔空

公害に魔力を持たせた魔空。
ジバンチンカーメンは
メガトンしこふみで、
人間を沈没させる

逆転魔空

生物に二重の顔を
持たせた魔空。
嫁狐獣人は、かわいい
嫁さんに化ける狐

■2弾

死霊魔境

死んだ者が霊や妖怪に
なって潜む魔境。
うずしおまねきは、
塩分の多い渦潮を起こす

忍者魔境

忍術を操る
忍者妖怪が潜む魔境。
きき耳頭巾は、片耳だけ
大きく発達したスパイ

ミサイルメカ魔境

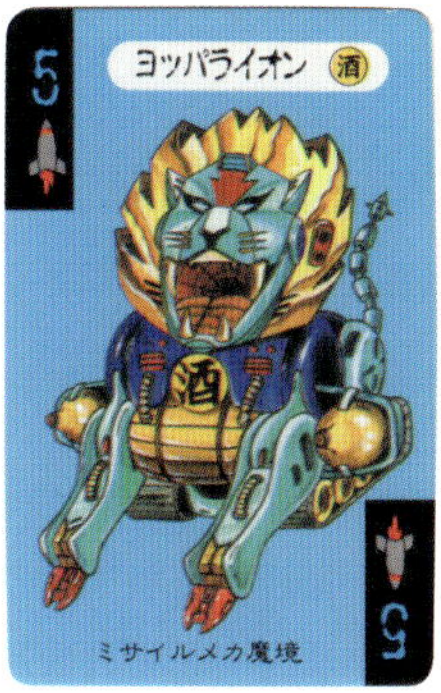

ミサイルを備えた
メカ妖怪が潜む魔境。
ヨッパライオンは、
酒で動く動物型のメカ

ガンダーラ魔境

邪悪な心を持った
魔仏たちが潜む魔境。
何か空海は、大食らいで
他人も太らすデブ魔仏

分身を作り、それぞれが支配する魔の領域「魔境」が誕生。しかし同時に大魔帝によって封じ込められていた13の聖なる使徒も解き放たれる。ここに4魔境と13使徒の壮絶な戦いが始まる、という展開に。1弾同様、集めるとトランプのようになる仕様は一緒だが、大幅なリニューアルがなされている。メディア露出が一切なかったため全貌は見えにくいのだが、台紙側の接着面に書かれたキャラ概要によると、新たに登場した「死霊《しりょう》魔境」「忍者魔境」「ガンダーラ魔境」「ミサイルメカ魔境」の4魔境はキャラとしてのモチーフが異なる設定になっている。このほか、妖怪を封印する新キャラ・13使徒たちは、シールブームのなかでも珍しい、水に溶ける仕組みになっていた。

なお、本商品は1弾から当たりキャンペーンを展開しており、1弾では大魔帝のシールを、2弾では毒キノコマークのカード3枚を送ると「魔界ライト」と「ミステリーペン」というグッズがもらえた。

カネボウとトミーが組んで仕掛けた、壮大な冒険世界!!

空転戦士

商品名	菓子種	製菓会社	オマケシール名	単価	総弾数
空転戦士アイス	青りんご味アイス	カネボウ食品	空転戦士キャラシール&空転界パノラマカード	50円	2弾

闇空尉がメインで描かれたアイス版のパッケージ。パッケージの左下に見える大陸が、空転界である。

こちらはガム版。オレンジ、ハーブ、ソーダ、シナモン、レモンの5つの味が入っていて、一緒に食べるとコーラ味になる。

［シールの特徴］貼り合わせの仕掛け

ストーンフォースの地

浮遊石

ストーンフォースのある地、浮遊石ともにシールを貼り合わせる仕掛けがあり、戦闘結果などがわかる。

1988年4月頃にカネボウ食品が発売。玩具会社のトミー（現・タカラトミー）とのコラボ商品で、トミーのほうは空転戦士《くうてんせんし》というキャラクターの塩ビ人形&ベーゴマを発売。カネボウのほうは、空転戦士が描かれた円形シールと、空転界の一部が描かれたマップカード（空転界パノラマカード）をセットでオマケとして付けていた。菓子はアイスとガムの2商品で展開しており、どちらも入手できるオマケは同じだった。

物語の舞台は、世界大戦中の1916年頃。世界征服を企む浮遊《ふゆう》大魔王は、地底世界「空転界」に降り立ち、地球をも形づくったという未知のパワーを秘めたストーンフォースを手に入れようとしていた。一方、その空転界のことが記録された聖典を持つフライヤー教授は、祖父の遺言から浮遊大魔王のことを知り、単身空転界に乗り込む。そして両者は勢力を拡大させながら、8つに分裂したストーンフォースのかけら＝浮遊石をめぐって抗争する。

空転界パノラマカード

組み合わせると巨大マップが完成し、キャラクターたちの抗争の様子がわかる

ストーンフォースの地

石をめぐって両軍が戦う場所。戦士のシールを2枚重ねると勝敗が判明

浮遊石

2つの浮遊石を組み合わせると漢字が完成し、ストーンフォースとなる

浮遊大魔王軍

対立

フライヤー教授軍

浮遊大魔王

世界征服のために浮遊石を探している悪者

底獣類

獰猛な動物タイプが多い獣型地底人。パンツァー陽佐は硬い爪を武器に戦う

底昆類

身軽で偵察が得意な昆虫型地底人。フライ昇長は、感染力のある武器を持つ

フライヤー教授

空転界を救うために地上からやってきた正義の科学者

格乱類

戦国武将や忍者の姿をした地底人。忍昇長は、伊賀流を受け継ぐ正統忍者

格闘類

スポーツ好きの戦士が多い地底人。ウォッカ空尉は、氷のような心の持ち主

シールは主にキャラが中心だが、もともとベーゴマ玩具なので、武装やマシンにベーゴマをモチーフにしたものがあるのが特徴。浮遊大魔王などのヘッド級はプリズムになっている。このほかにもシールがあって、まず浮遊石のシールは中央に漢字パーツがあり、透明とアルミの2枚1組で文字（超、転、烈、魔）が完成する仕様になっている。次に4つのストーンフォースがある場所もシールになっており、これに特定のキャラシールを貼り合わせると、ストーンフォースを手に入れたキャラがわかる仕掛けになっている。

一方のパノラマカードは、裏書きにゲームの遊び方や物語などを記載。「A-2」と書かれたナンバリング通りにカードを並べることでパノラママップが完成するなど、シール単体で見てもわからないほど、実はかなり凝った作りをしている。『月刊少年ジャンプ』（集英社）が88年5月号から玩具版とあわせて紹介しており、シール版は2弾まで続いた。

80年代のテレビ番組をパロディにした、ギャグシール

ひょうきんマン

商品名	菓子種	製菓会社	オマケシール名	単価	総弾数
ひょうきんマン	ラムネ	オリオン製菓	おもしろギャグシール	30円	4弾

■ノーマル版

アデランスフォーマー

元ネタはトランスフォーマー

超人機めだつんだー

同じく超人機メタルダー

なるほど・ザ・悪いぞ

なるほど・ザ・ワールドから

ドラゴン喰えないⅡ

ドラゴンクエストⅡのもじり

ぶた肉マン、ケケケとわらっ太郎、ドラゴンぼうやなどが描かれている初期パッケージ。

後期パッケージは土管竜政宗や一気マウス、めぞん残酷などが描かれている。

■プリズム版

1987年頃に、オリオン製菓（現・オリオン）が発売。お菓子はラムネで、シールは80年代中頃のテレビ番組やアニメなどをパロディにしたギャグものである。同社は、タバコの子供向けパロディともいえるココアシガレット、仁丹の子供向けパロディともいえる梅ミンツなど、子供目線でのパロディ商品を得意とするだけあって、本商品のシールもその精神を引き継いだものといえる。

パロディの元ネタとなる番組は、「スーパークッキー」（スーパージョッキー）や「おれたちちょうちん族」（おれたちひょうきん族）、「土管竜政宗」（独眼竜政宗）、「ポリバケツ物語」（ポリアンナ物語）など。「0点だぁ〜」（ゼロテスター）や「泣いてライダー」（ナイトライダー）など、当時としても古いのでは、と思える作品が混じっているが、これらは発売当時に再放送されていたものである。なお、本商品にヘッドの設定はないが、全シールにプリズムバージョンがレア当たりとしてある。

宇宙からの侵略者 VS イタコが呼び出した偉人たち !!

ドラゴンファイヤー

商品名	菓子種	製菓会社	オマケシール名	単価	総弾数
ドラゴンファイヤー	準チョコ菓子	松尾製菓	天 vs 地人魔霊大戦シール	30 円	2 弾

ZODIAC 総帥

部下の 12 宮に指令を出す、天星魔軍の初代総帥

ガブリ=コーン

巨大牙を装備し、地軍をカミ切る紙好き山羊

タケダケ信玄、ZODIAC 総帥、イタコのイタ子が描かれたチョコスナック版のパッケージ。ウエハースチョコ版のパッケージもあった。

タケダケ信玄

精進して独眼竜の跡を継いだ、地軍の大将

コブラ信長

毒を持って毒を制する霊獣

イタコのイタ子

戦国武将の霊を呼び出し、地蘇獣化したイタコ

イタコのイタ郎

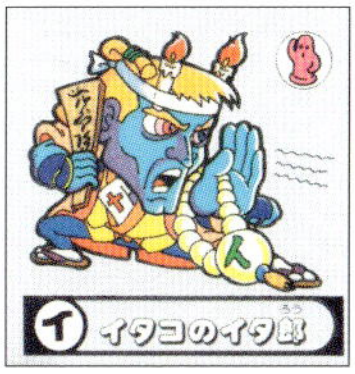

イタ子亡き後、修行に励むイタ子の息子

１９８７年末頃に松尾製菓が発売。お菓子はチョコがけのコーンフレークをかためたものと、ウエハースサンドタイプの２商品である。シールの世界観は宇宙規模の抗争もの。宇宙から来た天星魔軍《てんせいまぐん》が、地球に攻めてくる。人界戦軍《じんかいせんぐん》は彼らに対抗していたが、応援のためにイタコたちが死者の霊を呼び出すことにした。ここに地蘇霊軍《ちそれいぐん》が登場し、ともに天星魔軍に戦いを挑む、という構図になっている。シールに登場する3勢力は、それぞれモチーフが決まっており、天星魔軍は12星座、地蘇霊軍は干支+歴史上の偉人、人界戦軍は童話などの登場人物か、イタコキャラとなっている。

本作の特徴の一つは、ラインナップ総数のほぼ半分がキラなどの特殊素材だということ。これは、あの『ドキドキ学園』並みの豪華さ・お得感といえる。ほぼメディア展開がなかった本商品だが、そんなところが人気だったのか、88年春頃に2弾も登場した。

登場人物は全員泥棒！　裏書きから真犯人を探し出せ!!

アリバイをくずせ

商品名	菓子種	製菓会社	オマケシール名	単価	総弾数
アリバイをくずせ	ラムネ	ロッテ	推理シール	50円	1弾

ブロックの割れ目の奥で容疑者たちが不敵に並ぶ。ただし、手前の名探偵はシールにはなっていない。

黄金の入れ歯盗難事件

ピラミッドに眠るツタガラーメン王の入れ歯が紛失

5人の容疑者

ソンナ・ノ・アリ

王の墓の真下に大油田があることを発見した石油王

アゲオパトラ

入れ歯に嫉妬していた、アジアNo.1といわれる美女

スフィングズ

ピラミッドを目障りに思っている強情な容疑者

ヨツバノク老婆

事件当時、ピラミッドにお参りに行った地元の老婆

スズム氏

発掘作業をしていたイギリギス国調査隊隊長

1988年2月に発売されたロッテのラムネ菓子。物語は、謎の盗賊Xという大物泥棒の5人の部下たちが、それぞれ闇のシンジケート集団を率いて世界8大秘宝を盗み出し、盗賊Xの後継を狙うというもの。つまり全キャラクターが泥棒という設定で、8つの盗難事件に対し5人の容疑者があがっており、裏書きや絵柄から実際に盗んだ真犯人を探し出す、という遊びだった。盗難事件の概要を表したシール1枚+事件の容疑者5枚のセットが8事件分で、全48種類となる。闇のシンジケートのボスはいるという設定だが、遊びの性質上、誰が偉くて誰が真犯人かをわからなくするためか、ヘッド級は作られておらず、全シールがノーマルとなっている。また、各キャラの絵のなかには文字が1つずつ隠れており、グループメンバーごとに並べたりすると、「見たか盗賊Xの力」といったメッセージが完成するなど、見かけ以上に楽しい商品である。

合成生物たちの海をめぐる攻防。リアルな絵にしびれた!!

コスモ海戦　魔正現夢

商品名	菓子種	製菓会社	オマケシール名	単価	総弾数
コスモ海戦　魔正現夢	フーセンガム	ロッテ	現海賊 vs 夢海族　合成生物シール	50円	1弾

大崇神

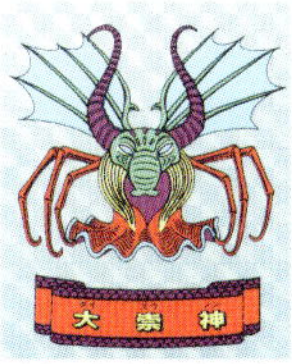

合成鳥と合成獣を創生する、現海賊の大総帥

邪狂神

合成海獣と合成虫の戦士を使う、夢海族の初代元帥

魔象羅、蛾蛇奇が描かれた青いパッケージ。トレーにフーセンガムとシールが入っており、これはその上蓋部分にあたる。

魔幻豹、剣虎妖が描かれた赤いパッケージ。どちらも現海賊の合成生物 VS 夢海族の合成生物といった構図になっている。

長妖足

超音波で探る、タランチュラとコウモリの合体

魔幻豹

ドラゴンとレパードが合成し、鋼進化した海獣の大将

飛怪猫

偵察隊の先陣を切る、鳥とムササビとヤマネコの合体

大魔牛

バッファローとカマドウマの合体。謎の部分が多い

1988年2月、『アリバイをくずせ』と同時期にロッテから発売されたガム。動物や鳥など、さまざまな生物のキメラたちが現海賊《げんかいぞく》と夢海族《むかいぞく》という軍団に分かれて古くから抗争しているという設定で、絵のタッチもかなりリアルである。現海賊は大崇神をヘッドとする、鳥や獣中心のキメラ軍団で、夢海族は邪狂神をヘッドとする、海獣や虫中心のキメラ軍団。それぞれの軍団は攻撃担当と防御担当の団体に細かく分かれている。それぞれ魔海というエリアに棲息しており、夢海族の夢幻海《むげんかい》・魔霊《まりょう》海《かい》と、現海賊の現世海《げんせいかい》・正宙海《せいちゅうかい》がある。ノーマルが透明シールで、台紙の接着面側には棲息エリアのマップの一部が描かれており、6枚または3枚1組で絵が完成する仕掛けになっている。キャラ側のパワーの数値と、エリア側の倍率(ロケーションパワー。透明シールの抜け部分に合わさる箇所に書かれている)を考慮しながら、シールを貼り替えてキャラ同士を戦わせる遊びになっている。

ヘッドにたどり着くには、３つのカギを揃えよ!!

妖怪道53次

商品名	菓子種	製菓会社	オマケシール名	単価	総弾数
妖怪道 53 次	チョコスナック	秋山食品	カギが気になる妖怪シール	30 円	2 弾

チューブ入りのオレンジ味ドリンク版。チョコ版と同じく、妖幻大王、ゾンビゴクウ、キッカイカイが描かれている。

チョコスナック版のパッケージ。お菓子は、円柱状のコーンスナックにチョコがコーティングされたもの。

霊怪軍

2弾で登場した、偉人の霊モチーフの新勢力

霊感大王

妖力源・黄金の鍵を盗んだ、霊怪方の初代大王

妖幻王子

危機に際して立ち上がった妖怪戦士

妖幻大王

3つのカギを揃えると、妖怪王にたどり着く

メン子ちゃんゼリーなどを販売している宮城県のメーカー・秋山食品（現・アキヤマ）が1988年1月頃に発売。お菓子はチョコスナック、ゼリー、ドリンクと多岐にわたっており、シールは妖怪パロディキャラものである。妖怪たちは、和《わ》妖《よう》軍団、唐《とう》妖《よう》軍団、西《せい》妖《よう》軍団に分かれている。一部のキャラには表面にカギが描かれており、合計3つのカギが揃えば最終的にヘッドの妖幻大王までたどり着く、という設定になっている（いきなり妖幻大王を出してしまえば、設定も何もないわけだが）。2弾では霊怪《れいかい》という新勢力が登場し、妖怪軍と抗争するという物語に発展。妖怪方には砂漠に住む漠妖怪、北極や南極に住む極妖怪という新軍団も登場している。霊怪のボス、霊感大王にたどり着くカギはダイヤル式に変わり、全軍を集めて裏紙に書かれた数字を解読しないと解錠しない設定になっている。なお、『めざせまるきん』のように、当たりシールを送ると200円か500円がもらえた。

お化けたちの戦争開始。暗闇で不気味にシールが光る!!

東西おばけ軍団シール

商品名	菓子種	製菓会社	オマケシール名	単価	総弾数
ビックリカップ	カレー味スナック麺ほか	松田食品	東西おばけ軍団シール	60円	3弾
魔界大戦スナック	ビーフコンソメ味スナック	松田食品	東西おばけ軍団シール	30円	3弾

妖メン皇帝

特別なパワーを持つ、
魔界の支配者

四天王戦士

全員揃うと妖メン皇帝に
対抗できる人間界の勢力

後期に発売された『魔界大戦スナック』。妖メン皇帝がメインで描かれ、2弾の四天王戦士、鳥州力が脇に小さくいる。お菓子はマカロニのような形のコーンスナックである。

初期から発売されたカップ麺版『ビックリカップ』。同社で発売されている『ブタメン』のような駄菓子だった。

東軍

東洋出身偉人がモチーフのお化け軍団

西軍

西洋出身偉人がモチーフのお化け軍団

1987年11月頃から発売された、松田食品（現・おやつカンパニー）のお菓子。最初はベビースターのカップ麺版で発売されており、のちにスナック菓子版も登場した。このカップ麺版では上蓋にシールを軽く貼りつけている状態だったため、キャラがわからないように、Wシールの1枚目が共通の絵柄になっている。2枚目が古今東西の偉人・有名人のパロディお化けキャラで、東西軍に分かれているほか、お化けを退治する四天王軍という勢力もいる。静かに暮らしていたお化けたちが人間たちの戦争を真似て戦いを始め、魔界戦争に発展。魔界の支配者・妖メン皇帝を倒すため、すべての霊力や呪文を思い通りに操れる「呪文帳」を求めはじめるという物語である。特徴としてはほとんどが蓄光シールになっており、キャラの一部が暗闇で光るという不気味な演出がなされている。また、1枚目のシールを5枚集めて応募すると、妖メン皇帝入りシールホルダーが抽選で当たった。

リアル頭身のキャラが正義と悪に分かれて戦う王道SF!!

闘将ジャスティの伝説

商品名	菓子種	製菓会社	オマケシール名	単価	総弾数
闘将ジャスティの伝説	チョコ味アイス	明治乳業	ゴッドウォリアーvsサタンウォリアー パワースター・バトルシール	50円	2弾

主人公・ジャスティが神々しく光ってザンバに立ち向かう姿が描かれたパッケージ。

賢者＝ユーリー

地球誕生とともに生まれた、予知能力を持つ参謀

女神＝ジェーン

失われた愛や平和を取り戻すために誕生した女神

魔王＝ザンバ

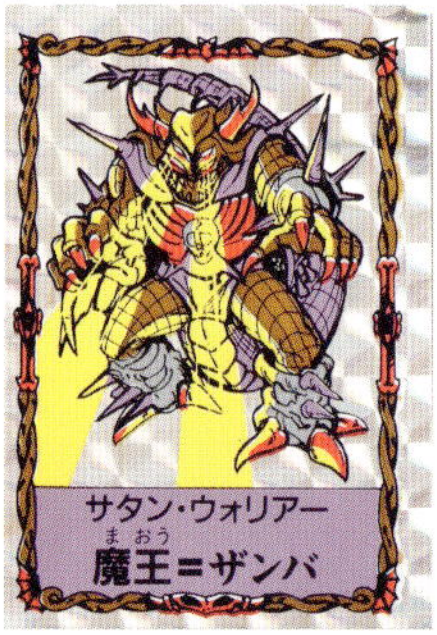

恐怖と暴力の世界を企むサタン・ウォリアー軍のボス

闘将＝ジャスティ

妖戦士を切り裂く正義のゴッド・ウォリアー軍の大将

明治乳業（現・明治）が1988年初め頃に発売。お菓子はチョコ味アイスで、シールは縦長サイズ。地球が誕生して間もない頃、地上は暴力と恐怖に支配されていた。平和を取り戻すために出現した女神ジェーンをめぐって、正義のゴッド・ウォリアー軍と悪のサタン・ウォリアー軍が戦う、という物語である。キャラはリアル等身で正統派SFものといった印象なので、当時としては珍しい部類といえる。裏書きの約半分近くを使って、「パワースター・レベル」というパラメータ設定が記され、攻撃力・防御力・総合力・成長力が星の数で示されている。シールを裏返してこの攻撃力・防御力でバトルを行い、敵を倒すと成長力の星を自分で塗って増やす、という遊びができる。メディア展開こそなかったが、2弾まで続弾。物語も、第3勢力としてエイリアン・ウォリアー軍団が登場し、敵だったサタン・ウォリアーがゴッド・ウォリアーに仲間入りするという超展開になっている。

コンセプトは鏡。鏡合わせの邪悪なコピー体と対決だ!!

魔鏡伝説

商品名	菓子種	製菓会社	オマケシール名	単価	総弾数
魔鏡伝説ゼリー	ミニゼリー	光陽製菓	魔鏡伝説シール	50円	1弾

パッケージ中央部分は、鏡のように光り輝いている。それを取り囲むように、魔鏡暗黒大王、夢幻鏡菩薩、魔鏡院幽零がいる。なお、ゼリーはカップ入りタイプで、オレンジ味。

ダイヤモンド・ナックル

ダイヤモンドの拳を持つ鏡冠夫のシャドーアーマー

鏡　冠夫

少年ながら拳の道を極めたオリジン

聖拳士・サザンX

夢幻鏡から生まれた、光り輝く神の使者

魔鏡暗黒大王

魔鏡からリバースを生み出す、X魔界の大魔王

夢幻鏡菩薩

夢幻鏡から七色波動を発し、オリジンを助ける菩薩

愛知県豊橋市にある、寒天やゼリーを扱う光陽製菓が1988年冬頃に発売したゼリー菓子。冥界の闇の中、恐怖の計画が進行していた。魔鏡暗黒大王が、現世の人間「オリジン」と、暗黒鏡で作り出した邪悪なコピー体「リバース」を入れ替えようとしていたのだ。そこでオリジンたちは天界からもたらされた夢幻鏡を通り、魔鏡ゾーンで自分のリバースを迎え撃つ。さらに斜導鏡で作り出したもう一人の自分「シャドーアーマー」という戦士がいる。こちらは1枚目が透明シールになっており、これをオリジンかリバースに貼ることでパワーアップさせていく。このほかに、オリジンやリバースを助ける守護神のようなキャラ「ミュー&-超-」もおり、以上4つのカテゴリで1セットのキャラ構成になっている。この4キャラクターはすべて鏡合わせポーズか同じポーズをとっている。また本商品は、当たりシール2枚を送るとオリジナルの鏡付き下敷きがもらえた。

懐かしのテレカをモチーフに作られたシール

デンワールドシール

商品名	菓子種	製菓会社	オマケシール名	単価	総弾数
ビッくん！ピザ	スナック菓子	リスカ	デンワールドシール	50 円	1 弾
テレカマンゼリー	ゼリー	リスカ	デンワールドシール	50 円	1 弾

電神王をメインに、後ろには一目狂 TEL くん、鼻血 TEL くん、心臓爆発 TEL くんが配置されている、スナック菓子の『ビッくん！ピザ』パッケージ。

後に発売された『テレカマンゼリー』。電神王、電魔王のほか、ホロのテレカ姫も着色バージョンで登場する。ゼリーはカップ入りの一口サイズ。

電魔王

デンワールドキングに
謀反を起こした反逆者

テレカ姫

愛と勇気を与える、
デンワールドの平和の女神

電神王

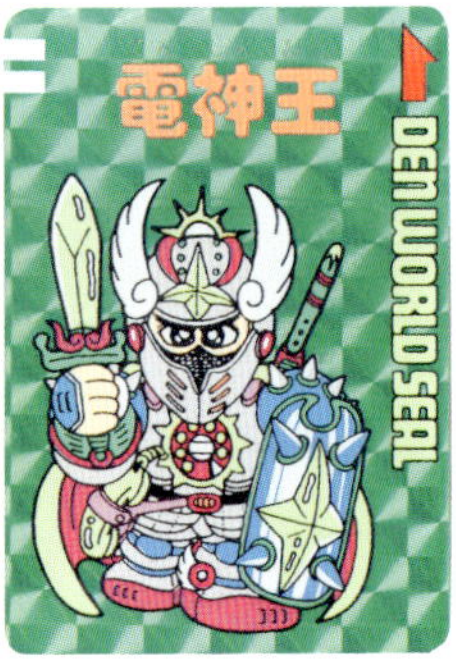

正義の魂宿る電神剣を持ち、
立ち上がる獅子王

定番駄菓子「うまい棒」の製造を行っている会社、リスカが1987年11月頃に発売。お菓子は2商品あり、最初はスナック菓子の『ビッくん!ピザ』、あとからゼリーの『テレカマンゼリー』が発売された。当時普及し始めていたテレホンカードをモチーフにしており、シールは縦長で、四隅は丸くカットされている。

平和で美しかったデンワールドに電魔王という裏切り者が出る。彼は電魔族を率いて電魔コールで人々を襲撃。そこでデンワールドの謎の支配者、デンワールドキングの娘のテレカ姫と、電神族《でんじん》を率いる電神王がこれの撃退に立ち上がる、というもの。テレカ姫などのヘッド級以外は、「千手TEL（くすぐってル）くん」や「赤顔TEL（てれテル）さん」という当て字のネーミングキャラになっている。本商品も当たりシールシステムがあり、当たりカードまたはチャンスシール6枚を送ると、本物のテレホンカード(テレカ姫など)や大型パノラマシールがもらえた。

5種1組のレーシングチームを作ってポーカーを楽しもう!!

無限グランプリ

商品名	菓子種	製菓会社	オマケシール名	単価	総弾数
ワンダーマンチョコ　無限グランプリ	準チョコ菓子	ロッテ	バトルポーカーシール	50円	1弾

のり香平が描かれたパッケージ。お菓子は、ライスパフとピーナッツを固めたものにチョコをかけたタイプ。

香平の別ポーズが描かれたパッケージ。「ワンダーマンチョコ」とあるが、ほかに同名商品があったのかは不明。

ドライバー

モンスターマシンを駆る、レースチームの要

チームマシン

爆速レースを駆け抜ける、ユニークなマシン

パワーアップアイテム

マシンの能力を底上げするアイテム兼キャラ

メカニックマン

マシンの整備を担当する、縁の下の力持ち

1989年2月にロッテが発売。『あっぱれ大将軍』と同じタイプの準チョコ菓子。シールはレーシングチームをモチーフとしたゲームタイプで、物語らしいものはない。ゲームはいわゆるポーカーで、シールサイズもトランプを意識した縦長、シール表面にはスート（トランプのマーク）とパワーの数値が書いてある。遊び方としてはまず、2人のドライバー、マシン、メカニックマン、パワーアップアイテムの5種1組のチームを作る。そして5枚のパワーの合計得点に、スートによる得点（ワンペアなら+10点、フォーカードなら+90点など）を加えて、チームの強さを競う。ちなみに、台紙はキャラがわからないように同一絵柄になっており、台紙の接着面側にキャラの概要や、役による加算得点などのルールが書かれてある。『ビックリマンエキサイティングテレフォン』内でも宣伝され、知名度はある本商品だが、実は主に中部・関西地区で発売されていた地域限定商品である。

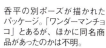

呪い界と守護界のお札対決を描く、ブーム初期の商品

対決スーパーアイスマン

商品名	菓子種	製菓会社	オマケシール名	単価	総弾数
対決スーパーアイスマン	メロン味アイスほか	赤城乳業	スーパーお札シール	50円	1弾？

スーパーアイスマン、マルリンなど、ホロになっているヘッドキャラたちが集合したパッケージ。

呪い界

あの手この手で人類を不幸にする呪い界軍団

守護界

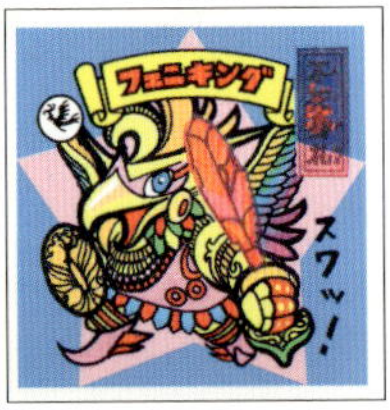

呪い軍から人々を守る使命を帯びた守護界軍団

マルリン

世界模試で優勝した天才少女で、守護界の名誉教授

スーパーアイスマン

どんな不可能も可能にする、守護界のリーダー

「ガリガリ君」でおなじみの赤城乳業が、1987年夏頃に発売したオマケシールブーム初期の商品で、お菓子はもちろんアイス（メロン味のほかチョコ味もあった）。物語は、呪い界の台頭により窮地に追い込まれた人類を救うべく、スーパー守護戦士と守護界軍団が馳せ参じるという内容になっている。シールにはすべて「○○札」という設定があり、呪い界キャラは「寝坊札」「ずっこけ札」といった呪いの効果が、守護界キャラは「美人札」「百発百中札」といったお守り効果がある。また、絵柄の一部が温感シールになっているものもあり、温めるとインクの下から新たな絵や文字が現れる。メディア掲載がなかったため全貌はわかりにくいが、ナンバリングから判断すると、おそらく1弾のみ。「スーパーアイスマン」や「マルリン」といったホロのヘッドが6種、守護界36種、呪い界36種と想定され、1弾あたりの総数はおそらく80年代オマケシールNo.1といえる。

キャラの名前から戦い方まで、徹底したじゃんけん勝負!!

魔拳戦士、まけんグミ

商品名	菓子種	製菓会社	オマケシール名	単価	総弾数
魔拳戦士	グミキャンディー	杉本屋製菓	正拳 vs 邪拳バトラー戦国シール	50円	1弾
まけんグミ	グミキャンディー	杉本屋製菓	おもしろシール	30円	1弾

フィンガーロ太陽王

正義の神矢ロイヤル・フィンガーアローで戦う

ジャンケン・シュタイン大帝

フィンガーロ王国の侵略を企む極悪大天才魔王

当たりが出るとシールがもらえた頃の『まけんグミ』。当たり、はずれは、パッケージの内側に印刷されていた。

フィンガーロ太陽王などが描かれたパッケージ。空き部分からは、じゃんけん型のグミが見えた。

最初はグー陀僧

両軍の和平を斡旋する?悪者を善にする僧侶

クレオパートラ

フィンガーロ王国軍の、世界最高の美人女王

チョッキー・チェーン

金のヌンチャクの達人であるカンフー王子

救世主マセイ

純金・破裂流矢を持ち、すべての悪魔に勝てる

杉本屋製菓が1988年頃に発売。同社は『まけんグミ』という定番駄菓子（グー、チョキ、パーの形をしたグミ）を発売しているが、本商品はその前身にあたるもの。物語は、西暦2100年、フィンガーロ太陽王が治める明るく平和な国・フィンガーロ王国を侵略すべく、ジャンケン・シュタイン大帝率いる魔手《ましゅ》帝国軍が暗黒異次元から出現。しかし近代兵器の使用は銀河星雲平和連合局によって全面禁止されているため、両軍は素手と素手の戦い、じゃんけんパワーで戦うことになった、という内容である。キャラはすべてグー・チョキ・パーなどじゃんけんにかけたネーミングになっており、フィンガーロ帝国、魔手帝国軍、和平を斡旋する僧侶軍団の3軍団に所属している。なお、杉本屋は2016年夏に『魔剣戦士グミ』という企画商品&漫画を発表しているが、これは本商品の設定をもとにしつつも、新たな物語（大正ロマン漂う美少女もの）を展開している。

宇宙からの侵略者を迎え撃つは、偉人・有名人軍団!!

アーミー星人

商品名	菓子種	製菓会社	オマケシール名	単価	総弾数
アーミー星人チョコ	チョコレート	フルタ製菓	宇宙連合軍・地球防衛軍シール	30円	6弾？

ジュピタン大帝

全時空間を超えた、全地球防衛軍の大総帥

グレサタン大魔王

宇宙の全支配をめざす、宇宙悪総連合軍の総統

初期の頃のパッケージ。シーザー副将軍っぽいキャラがいるが、シールには登場していない。

愛星人が登場した後期パッケージ。チョコはミルクチョコで、意外にもシールものとしては珍しい。

クリスタル女王

愛の分身を生み出し、地球防衛軍を救う愛星人

アースセイントゴッド

聖剣ゴッドサーベルを持つ地球防衛軍の聖神

玄徳副大帝

超豪傑を従え、勇気と肝っ玉を授かった漢王

鬼鬼鬼副魔王

大宇宙間魔暗黒地獄から指令を出す副将

フルタ製菓が1987年末頃に発売したミルクチョコ。物語は、A.D.2222年に宇宙悪総連合軍《スペース・デビル・アーミー》（アーミー星人）が地球に侵攻してきたため、地球側も全地球防衛軍《ワールド・ディフェンド・アーミー》を結成して対抗する、というSFものである。宇宙悪総連合軍側は、虎やノコギリ、マグマといった、動物やメカ、無機物などがモチーフで、統一性はない。一方の全地球防衛軍は、始皇帝やダ・ヴィンチ、ガガーリンといった歴史上の偉人や有名人、神話の神などがモチーフになっている。初期はノーマルシールのみだったが、後期からは愛星人という全地球防衛軍を支援する宇宙人勢力が出現。プリズムやアルミキラを使用したヘッド級も登場した。また、「アースセイントゴッド」というヘッドがいるのだが、『聖闘士星矢』のキグナス氷河に酷似していて、当時から物議をかもしていただけに、このキャラだけが突出して有名である。メディア掲載がなく詳細は不明だが、おそらく6弾160種類以上はある。

三国志の世界観とデザインセンスの良さが光る!!

バトル四皇帝

商品名	菓子種	製菓会社	オマケシール名	単価	総弾数
バトル四皇帝ラムネ	ラムネ	フルタ製菓	スクラッチシール	30円	2弾

光源帝

光の国を支配している
ブライトエンペラー

早　見聞

あらゆる情報を分析する
雲の国の情報大臣

光の国の光源帝と足銃撃、風の国の風冠帝と天魔刀、雲の国の突伸、トールツリー・カッターが描かれたパッケージ。左下に「スクラッチシール入り」と書いてあるのは、人民のパワーアップ版であるバトルアーミーにスクラッチ部分があったからだ。

牙　水

大風海のメカ獣を操る、
風の国の水軍将軍

足　銃撃

両足のロケット銃を発射する
光の国の空軍武人

ダンシング・シューター

踊り手・舞一花が
パワーアップした姿

魚　尾繰

風の国の魚屋に変装した、
光の国のスパイ

1988年2月頃、フルタ製菓から発売されたラムネ菓子。中国三国志のような世界観で、物語は、光、風、雲の三国が奇跡の石・Xストーンをめぐって戦闘。風は雲に有利で、雲は光に有利で、光は風に有利という三すくみの力関係のなかで各国は争いを繰り返していたが、その一方で三国の戦いを不気味に見守る第四の皇帝の姿があった……という内容になっている。国ごとに皇帝、皇妃、王子、大臣、参謀、将軍、武人、バトルアーミー、人民という階級があり、それぞれでシールの素材が異なるという特徴がある。例えば、人民はノーマルで、そのパワーアップ版となるバトルアーミーはアルミキラ+スクラッチ（スクラッチ部分をコインで削ると、武器が現れる）、武人は金のアルミキラ、将軍と大臣はプリズム、皇帝はホロ、スパイ人民はレインボー、そのパワーアップ版であるバトルスペシャルは蓄光といった具合だ。こうした演出とデザインセンスの良さは、今なお評価が高い。

戦士が乗るマシンもシールで登場する、宇宙抗争もの

バトルα

商品名	菓子種	製菓会社	オマケシール名	単価	総弾数
バトルαチョコクッキー	チョコクッキー	シスコ食品	対決宇宙攻防シール	30円	1弾？

ゴールディー

ガイヤービームで敵を撃つクリスタン4のリーダー

レッドマックス

普段はおしとやかな、クリスタン4の紅一点

主役のゴールディーが描かれたパッケージ。お菓子は、砂糖でコーティングしたクッキーでチョコをサンドしたもの。

ターボレンジャー

Wターボチャージャー搭載のスペースターボス専用機

女王フェアリナ

エネルギー源・パワレックスを守る正義と愛の女王

魔王ジャブラン

パワレックス入手を企む、魔界星団ディモスの魔王

ゴーダ元帥

魔界星団ディモスの最高司令官

「ココナッツサブレ」でおなじみのシスコ（現・日清シスコ）が1988年3月頃に発売。お菓子はチョコクッキー。物語はSFもので、女王フェアリナ率いる銀河連合軍ギャラックスと、魔王ジャブラン率いる魔界星団ディモスが、宇宙支配の元となる鍵「α」をめぐって抗争するといった内容になっている。両軍の戦士キャラだけでなく、それぞれが乗る「専用マシン」もシールになっているのが本商品の特徴で、キャラとマシンがほぼ半々となっている。またこれとは別に、銀河連合軍に加担する勇者集団「クリスタン4」というグループがあり、超閃光剣と黄金たてを持つリーダーのゴールディー、宇宙忍法の使い手・シルバーン、勇敢なスーパーアイドル・レッドマックス、愛用のスペースクリッパーに乗る最年少・ブルーサンダーの4人が所属している。また、当たりシールをシスコに送ると、このクリスタン4の4枚セットがもらえるキャンペーンを行っていた。

各国の猛者が集まる宇宙格闘技大会に悪の軍団が参入!!

格闘キング

商品名	菓子種	製菓会社	オマケシール名	単価	総弾数
格闘キングスナック	スナック菓子	シスコ食品	宇宙格闘技シール	30円	1弾?

主役のコスモグレートが描かれたパッケージ。パッケージに見えるように、お菓子はあられせんべいである。

コスモグレート

次代に三種の神器を授ける、第564代格闘キング

魔人アンドロブラック

ブラックホールに落ちた武芸者たちの魂が魔神化

カラット

手刀で100カラットのダイヤも切る少年空手家

アマゾネッサ

ジャンプ力がすごい、金星のミス・筋肉ウーマン

鬼面アシュラ

宇宙格闘技界の支配をもくろむ、邪仮面団の団長

シシマイルス

踊りながら戦う、邪仮面団の副団長

シスコが『バトルα』と同時期に発売。お菓子はパッケージにはスナック菓子と書いてあるが、実際にはあられだった。物語の舞台は未来宇宙。各星の強者たちを集めて一万年に一度、格闘技宇宙一を決めるコンテストが開かれていた。宇宙一の栄光に輝いた者には、格闘キングのタイトルと格闘三種の神器が授けられる。これに宇宙格闘技界の支配を企む悪の仮面軍団「邪仮面団《じゃかめんだん》」が参入、宇宙格闘技界を愛する武道家たち＝コスモファイターが彼らの野望に立ち向かう。両者の背景は不自然に地の色が断ち切れている。これは、背景が合わせられるキャラ同士は、合体技が繰り出せることを意味している。このほか、邪仮面団をパワーアップさせる凶器アイテムといった特殊なシールもあった。また当たりを送ると、主役のコスモグレートと三種の神器のシール4枚セットがもらえた。「宇宙編」と含みのあるサブタイトルを銘打ってあったが、1弾のみで終了したようだ。

平和な町の住民が、魔界の住人に変身するWシール

快怪魔界

商品名	菓子種	製菓会社	オマケシール名	単価	総弾数
快怪魔界	チョコクリームサンド	明治製菓	ひとは見かけによらぬものWシール	30円	1弾

寿町の前田明くん

元気な男の子、その正体はヒーロー・ムキムキング

歯科医院の坂口さん家の息子

根暗な少年、その正体は悪の大将・ワルサタン

ヘッドの前田明くんがめくったパッケージの左下部分が、キャラたちのもう1つの正体を表している。お菓子はクッキーでチョコをサンドしたもので、かなりの美味。

友達の橋本くん家の妹

勉強・遊び好きな女の子、その正体はお姫さま

前田明くん家のお父さん

平凡なサラリーマン、その正体はヒーローの指南役

森町の薬局の菅原さん

ビタミン剤好きな薬剤師、その正体は悪神

歯科医院の坂口さん家の看護婦さん

有名な美人看護婦、その正体は魔女王

1988年春頃に明治製菓が発売。お菓子はチョコクリームをサンドしたビスケットである。一見平和なピースワールドで暮らす人々には、バトルワールドでのもう一つの正体があった、という設定で、全種類Wシールとなっている。1枚目がピースワールドでの平凡な町の人々で、2枚目がバトルワールドでの正体になる。例えば「寿町の前田明くん」が「ムキムキング」へといった具合に、それぞれが善または悪の戦士やモンスターに変身する。見た目も名前も全然異なるので、裏書きも半々に分かれており、2枚目の正体キャラのほうの説明は逆さにして読むことになる。さらにシールの裏にはピースワールド・バトルワールドのマップの一部が描かれており、全種類をコンプして、裏書きの配置通りに並べると、1枚目も2枚目も巨大なマップが完成する、という仕掛けになっている。しかも絵合せする関係で、2枚ともシールのフチに白枠を設けていないという凝りようであった。

ハッピーエンドをくつがえせ！　童話の悪者たちが反逆!!

ファンタジアムの逆襲　PART2

商品名	菓子種	製菓会社	オマケシール名	単価	総弾数
ファンタジアムの逆襲　PART2	フーセンガム	コリス	聖童軍 vs 邪凶軍対決シール	20円	1弾

聖使スターチャイルド

童話の主人公を守るために
生み出されたヒーロー

凶祖悪鬼魔

童話の主人公に逆襲する
邪凶軍のボス

聖使スターチャイルドと凶祖悪鬼魔が激突するパッケージ。「PART2」とあるが、PART1 があったのかは不明。

聖童軍

逆襲する悪者たちに抵抗する、正義の主人公軍

邪凶軍

主人公になるために、
逆襲を始めた悪役たち

話奇役族

敵にも味方にもなる、
第3勢力の脇役軍団

「フエガム」でおなじみのコリスが、1988年春頃に発売。お菓子はフーセンガム。物語は、未来世紀の童話の世界（ファンタジアム）で、童話の中の悪者たちがハッピーエンドをくつがえそうと反逆し、それを正しいヒーローたちが迎え撃つというもの。キャラはすべて童話の登場人物がモチーフとなっていて、正義側が聖童軍《せいどうぐん》、悪役側が邪凶軍《じゃきょうぐん》、脇役側が話奇役族《わきやくぞく》という軍団に所属している。童話ごとに三すくみの関係になっており、例えば一寸法師がモチーフなら、聖童軍が一t《いっトン》法師、邪凶軍がひまつ鬼《き》、話奇役族がダイエットこづち姫といった具合。話奇役族は、邪凶軍か聖童軍のどちらかに味方しているが、キャラによって異なっている。ただ、童話の三すくみとナンバリングがなぜかバラバラで、結局コンプしないと、誰と戦っているのかよくわからないという欠点がある。こうしたキャラとは別に、邪凶軍のヘッド・凶祖悪鬼魔《あきま》と、聖童軍のヘッド・聖使スターチャイルドがいる。

天使が悪役、鬼が退治する側になったユニークな設定!!

イジワル天使

商品名	菓子種	製菓会社	オマケシール名	単価	総弾数
イジワル天使	チョコチップクッキー	浜田食品	いじわる天使シール／聖魔大戦バトルシール	20円	3弾？

初期パッケージの1つ。無邪鬼王をメインに、一鬼将軍、こてんこ天使が並んでいる。チョコチップクッキーは油分が多めで、直接入っていたシールに油が移りやすかった。

ハムラビ法天使王をメインとしたパッケージの後期版。このほか、新キャラたちがメインを飾るパッケージもあるらしい。

イジワル天使軍

みんなに取りつく、いたずら好きな天使たち

無邪鬼王

アッケラカンパワーで
みんなを守る楽鬼の王

ハムラビ法天使王

無駄に威張り散らす、
イジワル天使のヘッド

兵庫県にある浜田食品工業（現・ハマダコンフェクト）が1987年末頃から発売。お菓子はチョコチップクッキーで、5連包タイプの商品もあった。シールに描かれているのは、いじわるな天使「イジワル天使」と、その威力を消滅させる鬼「楽《らっ》鬼《きー》」で、本来の善悪が逆転しているというユニークな設定が売りである。基本的にイジワル天使がメインなので種類も多く、「すってん天使」や「弱天使」といったダジャレネームになっている。一方、楽鬼は退治する側なのでレア扱いとなり、こちらも「その鬼将軍《きしょうぐん》」といったダジャレネーム。このほか、1弾では「無邪鬼王《むじゃきおう》」や「ハムラビ法天使王《ほうてんしおう》」といったヘッドが登場した。メディア掲載はなかったものの、本商品は人気があったらしく、その後背景などが異なる1弾2版、サイズが大きくなった2弾もリリース。2弾からはなぜか鬼軍団が悪役に、天使軍団が善役に入れ替わり、さらに第三勢力の黒《ブラック》妖怪軍団という新戦力が登場している。

着せ替え遊びを楽しむ、初の女の子向けシール

ファッションタウン

商品名	菓子種	製菓会社	オマケシール名	単価	総弾数
ファッションタウン	準チョコ菓子	北日本食品工業	すてきなファッションシール	30円	1弾

マミをメインとしたカラフルなパッケージだが、中央の少女と右の男性は、シールにいないキャラである。カリッとしたスナックに、チョコがかかったタイプのお菓子。

マミ

歌が大好きで、アイドルをめざす明るい女の子

アイ

バレリーナをめざす、とってもおしゃれな11歳

マイ

水泳や新体操が得意な、スポーツ万能っ子

ユキ

ママのお手伝いと、ケーキ作りが大好きな9歳

ユカ

いたずら好きで元気な、5歳のおしゃまさん

北日本食品工業（現・ブルボン）が1988年3月頃に発売。お菓子はチョコでコーティングされた丸いビスケットタイプ。オマケシールブームの中では初の女の子向け商品で、Wシールを使った着せ替え遊びをすることができる。物語はなく、マミ、マイ、アイ、ユカ、ユキという5人の女の子が5パターンのポーズをとっている。そのうち2パターンだけがWシールとなっており、1枚目は顔の部分が抜かれた状態（観光地の顔ハメ看板のような感じ）で、パーティードレスや妖精の衣装、スチュワーデスの制服などが描かれた透明シールになっている。これを、左下にあるマークが同じ他の女の子のシールに貼り合わせると、「着せ替え」ができるようになっている。ただ、Wシール以外のシールには再剥がし可能な表面加工がされておらず、実際には何度も貼り替えられないという、かなり致命的な欠陥がある。ちなみに裏紙には、イラストのシチュエーション説明などが書かれている。

異次元野球ワールドが舞台。世にも珍しいシールも登場!!

魔天ドーム

商品名	菓子種	製菓会社	オマケシール名	単価	総弾数
魔天ドーム	ウエハースチョコ	北日本食品工業	異次元野球ワールドシール	30円	1弾

幻魔修羅

天神界の平和を破った霊魔界の総帥

主役のスサノ球神などが描かれたパッケージ。お菓子はウエハースチョコで、飽きのこない味わい。

不動妙翁

バットを振り回す妙翁、正体は密命を帯びた忍神

スサノ球神

長老神天照も一目置く、天神軍の不滅の三番

魔剣柳生武王

幻魔修羅の側用人。霊魔軍の四番打者

韋駄天球

1秒60メートルの快速を誇る烈風砂塵の盗塁王

我魔王

邪宗山どくろ池で育った、霊魔軍団ヘッドコーチ

北日本食品工業が『ファッションタウン』と同時期に発売。お菓子はウエハースチョコ。こちらは男の子向けで、モチーフは野球もの。霊魔《れいま》の総帥・幻魔修羅《げんましゅら》が天神《てんしん》界に侵略、霊魔軍と天神軍が、なぜか異次元野球ワールド「魔天ドーム」で戦うという物語である。霊魔軍と天神軍の選手にはそれぞれ専門のポジションが割り振られており、打者、投手、守備、走者の4タイプに属すほか、応援団やアナウンサー、解説者、うぐいす嬢、リリーフカーガールといったサブキャラもいる。「スサノ球神《きゅうしん》」や「我魔王《がまおう》」などヘッド級には特殊素材を使用。なかでも「不動妙翁《ふどうみょうおう》」「円魔溜太《えんまためた》」の2枚はシールの粘着面側にもキャラを印刷したリバーシブルシールになっており、シールをめくるとその正体がわかる仕掛けになっていた。これは本商品でしか見かけないかなり珍しいもの。表面から裏の絵が透けて見えてしまうのがもったいないが、シールブーム特有の貪欲な試行錯誤っぷりが伺える。

正義の信長、悪の信長。聖魔の２つに武将たちが分裂!!

魔界転生　戦国の曼陀羅合戦

商品名	菓子種	製菓会社	オマケシール名	単価	総弾数
魔界転生　戦国の曼荼羅合戦	クッキー	三立製菓	聖・魔武将シール	30円	1弾

魔翔王厳武と聖将信長が相対するパッケージ。中央にいる聖界守護神が、やけに怖く描かれている。

聖界守護神

現世への復活のカギを持つ、時空を操る神

卑神子

聖界守護神に仕える。不思議な舞を踊る

魔翔王崩豊

国の金を使い込んだ、悪側の家康

聖将家康

金銭感覚に優れた、財域を司る将軍

魔翔王厳武

欲しいものは手に入れる、悪側の信長

聖将信長

武力を一番の宝とする、武力の戦域を司る大将

「チョコバット」でおなじみの三立製菓が1988年3月頃に発売。お菓子はクッキー。世界観は戦国ものがモチーフだが、聖界側と魔界側に武将たちが分かれて抗争するというもの。キャラクターは例えば正義側の信長と悪側の信長（魔翔王厳武）、といった具合に分類されており、対応キャラ同士はポーズも鏡反転のようになっている。時空を操るヘッド「聖界守護神」以外のシールサイズは縦長で、下部分にアイテムシールがあり、切り離せるようになっている。これを武将など戦うキャラの裏に貼ってパワーアップさせるという仕掛けになっている。また、当たりシールをメーカーに送ると、「聖界母《せいかいぼ》帝《てい》」＆アイテムシール4枚という特別なシールがもらえた。聖界母帝は聖界守護神の母で、聖将たちのアイテムをパワーアップさせる力を持つという設定。それに合わせて、聖界母帝を中心にアイテムのシール4枚が上下左右に隣接するという、十字形のシールになっている。

まだまだあります！
オマケシールギャラリー

80年代のオマケシールブームでは、今まで紹介した以外にもたくさんの商品が登場した。ここでブームの熱狂を感じられるラインナップを一挙に大公開!!

コスモ戦士（アンディコ）

銀河軍の女神を誘拐した暗黒軍と、侵略を阻止しようとする銀河軍の戦いを描くシール。チョコバナナ味以外の味もあったらしい。

魔破神伝（江崎グリコ）

人を不幸に陥れる怨族と、人を呪いから救う守護族の抗争を描く。お菓子は、アーモンド入りのグリコキャラメルだった。

ドラゴン伝説（イケダヤ食品）

邪悪なデビルドラゴン軍と、アルファンディー国のプリンス軍が戦う物語。シールのほかにスクラッチカードも同封されていた。

シャトルウォーズ（カバヤ食品）

デビレウス星帝王のマメビウスと、シャトルノア船長のキャプテン・ゲンの抗争を描く。単価100円と、当時としては割高だった。

ジョイスティック（カネボウ食品）

シールのキャラの右脇に、ゲームのコントローラーなどに貼るシールが付く。ただし、パッケージにも物語や設定は書かれていない。

怪獣のたまご（カバヤ食品）

Wシールで、卵型シルエットをめくると、その卵から生まれた怪獣キャラがわかる。お菓子は卵型チョコのなかにグミが入っていた。

いただき小判（カバヤ食品）

小判形のシールに、泥棒や時代劇キャラなどのパロディを描いたもの。お菓子も小判形のウエハースチョコだった。

キョンシーキャンディー（共規製菓）

キョンシーブームにあやかった、キョンシーと戦士たちのオマケシール。映画の著作とは無関係で、物語があるのかも不明。

トルテカの笛（カンロ）

太陽神像を盗んだ魔王と、トルテカ王国の王子の戦いを描く。お菓子のガムラムネを2つ合わせ、穴から息を吹くと笛の音が鳴る。

忍者ひも丸（杉本屋製菓）

善忍と公家、伴天連といった軍勢が抗争する物語。キャラの右にアイテムがある弾と、キャラが2人いて分割された弾がある。

だいじょうぶだあ（シスコ食品）

ギャグトピア国とワルサー軍が、国の命運をかけてギャグ合戦をするシール。キャラのほとんどが当て字のダジャレになっている。

ガロンチョ（タカオカ）

ガロンチョ探検隊が、怪獣たちのいる魔界にやってきたという設定。ガロンチョ探検隊とは、おそらくユーザーのことと思われる。

オールスター宇宙夢の球宴（タカオカ）

舞台は宇宙で、野球をモチーフにしている。ピーナッツ、パフ、クラッカーを固め、チョコがけしたお菓子で、美味。

人面犬（バンダイ）

人面犬ブームのときに発売されたもの。背中側を描いた上のシールをめくると、台紙側に描かれた人面犬キャラの正面の姿がわかる。

まじゃ魔邪ばとらーず（パイン）

封印から目覚めた魔邪軍団と、勇者たちジャスターズの抗争を描く。お菓子はラムネで、口に入れるとシュワシュワ発泡する。

十二戦支（フルタ製菓）

十二支の動物たちをモチーフにしたオマケシール。タントラ銀河12の惑星ごとに、悪のプラネットゾンビと聖獣がそれぞれいる。

オールスター軍団（フルタ製菓）

なぜか当時多かった、宇宙を舞台にした野球モチーフものの1つ。正義側の銀河リーグと、悪側の暗黒球団が戦っている。

名ん名んだ！（松尾製菓）

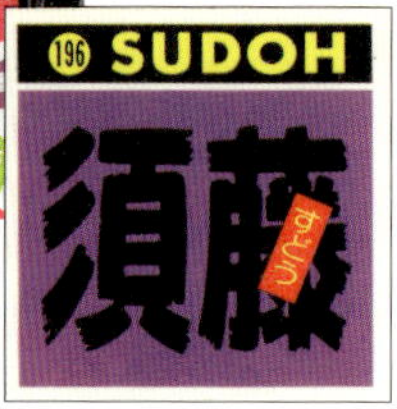

日本の代表的な名字をパロディにしたもの。Wシールになっていて、1枚目「伊藤」→2枚目「ファ伊藤」といった具合だ。

爆走ファイターズ（ポックン）

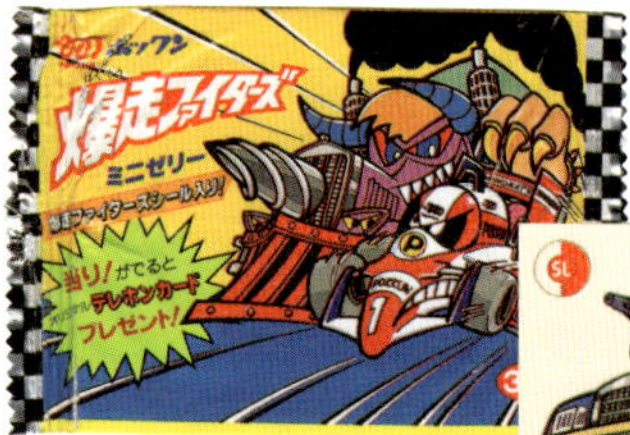

自動車生命体というブッとんだ設定のキャラが、3軍に分かれて抗争する。自動車生命体は、車に目や手がそのまま付いている。

聖魔界組（ミリオン）

パッケージからしてパチモノ臭が強い商品。当たりならシールが入っているという仕様だが、そのシールもパチモノキャラが多い。

宇宙からの侵略（ミツワ食品）

地球侵攻を開始したバスター帝国と、アース共和国&エイリア星人の抗争を描く。お菓子はいわゆるマーブルチョコだった。

摩訶不思議キョンチャン（メイトー）

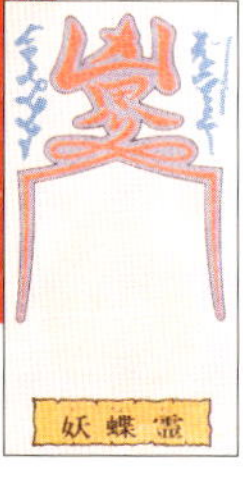

キョンシーブームにあやかったシール。お札型のシールで、水に濡らすと絵柄が出てくるという仕掛けが施されていた。

ツーランホームランバー（メイトー）

地球外生命体と近未来野球をするというオマケシール。ゲームで遊べるタイプで、攻撃専門選手と守備専門選手がいる。

タンタ（森永乳業）

ブリックパックドリンクのオマケシール。パックの上面に、小さなシール＋メンコ（接着面にキャラの説明がある）がついていた。

ずっこけゴルファー（明治製菓）

ゴルフを題材にしたパロディ。初期は「ミイラクルクルショット」などのギャグもの、後期は「イカ忍者」などのキャラものだった。

ホラーリンピック（やま磯）

味付け海苔やふりかけについていたオマケシール。妖怪やモンスターなどのホラーキャラが、オリンピックスポーツに挑戦している。

RPG忍者の戦い（やおきん）

火焔忍者軍と冷凍忍者軍の抗争を描いたオマケシール。RPGとある通り、サイコロや鉛筆などを使って簡単なゲームができる。

戦でござる！（ロッテ）

戦国武将をモチーフにしたオマケもので、塩ビ人形とシールの2つが付いてきた。キャラはデフォルメデザインされている。

かっ飛び忍者（リスカ）

謎の絵巻物をめぐり、忍者2軍団が抗争する。キャラの大半がWシールになっていて、めくるとパワーアップ後の姿になる。

ソーラーマン（ロッテ）

物語は一切不明だが、4つの種族がいるキャラシール。シールを日光に当てて、シールをはがすとマークが浮かびあがる仕組みだ。

仮面武闘界（ロッテ）

フラッシュマスクという装備をめぐり、戦士たちが武闘大会に参加する物語。1枚目は装備、2枚目はキャラが描かれたWシールだ。

実はオリジナルも多かった!?
80年代キャラものオマケシール

COLUMN

魔神英雄伝ワタル
(カバヤ食品)

忍者ボーイとんとん飛丸
(森永製菓)

霊幻道士　元祖キョンシー
(森永製菓)

アニメや漫画などを題材にしたキャラシールのなかには、実は原作に登場しないオリジナルキャラがいる商品が多数ある。代表的なのが当時放映されていたテレビアニメを題材にした『魔《ま》神《しん》英雄伝ワタルガム』(カバヤ食品)で、「エキスポG《ゲー》」や「プラマ・ニア」などの敵メカ・キャラがオリジナルにあたる。アニメではボツになった敵メカも多数シールになっている。また、当時『フレッシュジャンプ』(集英社)に連載されていた漫画を題材にした『忍者ボーイとんとん飛丸《とびまる》』(森永製菓)は、登場人物たちのほかに、「ハット・カブレロ」や「パフェ・パフェ」といったオリジナルキャラが多数ラインナップされている。さらに、当時大ヒットしていた映画『霊幻道士《れいげんどうし》』の『霊幻道士　元祖キョンシー』(森永製菓)は、映画の©も表記されている商品だが、実はキャラのほとんどがオリジナル。「ダイエッ道女」や「トントントンシー」など、ダジャレのオンパレードであった。

オマケはシールだけじゃなかった！

懐かしの80年代オマケカード!!

COLUMN

モンスターカード（明治製菓）

テレカを意識したカード。3弾からは、モンスターたちが戦士っぽいデザインに変わった。

ダンジョンチョコ（カネボウ食品）

六角形型のカードで、背景の線は色分けされており、つなげると魔法陣が完成する。

ドラゴンワールド　宝宮への旅立ち（マーメイド）

厚みのある丸メンコだが、プリズムなどシールブームを継承した仕様となっている。

君はオバキッドを見たか ?!（カネボウ食品）

絵を描く遊びがメインのため、カードがくりぬかれてキャラの絵がちょっと見えにくかった。

オマケシールブームの頃は、数こそそれほど多くないものの、オマケカードも発売されていた。1987年に発売された『モンスターカード』（明治製菓）は、テレホンカード大のカードに世界各国の妖怪・モンスターたちが描かれている。3弾ほどリリースされているが、弾を重ねるごとに軍団が組織されるなど、ストーリー性や設定が増していった。また、89年に発売された『君はオバキッドを見たか?!』（カネボウ食品）は、カードにオバキッドというかわいいお化けが描かれた商品。カードに空いた穴に沿って線をなぞると、オバキッドの姿が描けるというもの。当時『コロコロコミック』で紹介記事が連載されていたため知名度もあり、かなり弾を重ねた。このほか、カードが六角形の『ダンジョンチョコ』（カネボウ食品）や、キャラを描いたメンコとパワーアップシールの2種がオマケとしてついた『ドラゴンワールド　宝《ほう》宮《きゅう》への旅立ち』（マーメイド）といった商品もあった。

広井王子

『ネクロスの要塞』『魔神英雄伝ワタル』を企画したレッドカンパニー（現・レッドエンタテインメント）。その創業者・広井王子氏が語るオマケのあるべき姿とは？

オマケこそ、最初の設定をしっかり作るべきなんです

広井王子●1954年生まれ。76年、レッドカンパニーを創設。『ネクロスの要塞』のヒットを経て、サンライズ製作アニメ『魔神英雄伝ワタル』をプロデュース。その後ゲーム『サクラ大戦』を手がけるなど、多彩な活動を続けるマルチクリエイター。

――レッドカンパニーがオマケに関わるようになった経緯を教えてください。

広井　一番最初は暇で暇でしょうがないのが集まって、オリジナルTシャツを作ったり、スキー場やゴルフ場のワッペンデザインなんかをしていたんです。これがけっこういい商売になったんですが、ある日飲み屋で、隣にいる人から「キミ言ってることが面白いね」と声を掛けられて、「こういうのやってるんだけど、やってみない?」とトントン拍子に話が決まっちゃった。それがリボンシトロンのオマケでした。そのうちにロッテのオマケ企画をまかされるようになりました。

――そうだったんですね。

広井　もともとシール企画というのは、印刷会社がパッケージ印刷をとるために「シールは販促になるから、パッケージもうちでやらせてください」と営業するためのツールなんです。だから当初は印刷会社の人が、なんとなくオマケの担当をしていたんです。アイデアを出してお金をもらうようになったのは、僕らの世代が一番最初じゃないかな。まだ当時はオマケだけのデザイン会社なんてどこにも存在しませんでした。外部スタッフを使ってオマケを一から企画・デザインしたのは、ロッテが早かったと思います。ただシール

のアイデアを持って行っても、印刷会社に吸収されちゃうのでお金にはならないんだよね。僕たちは、そのうちに『ジョイントロボ』シリーズをまかされるようになりました。でもやはりオマケ企画は、『ビックリマン』をずーっと育て上げブームまで作り上げたロッテの反後四郎さんが一番の功労者だと思います。

――ヒット商品『ネクロスの要塞』はどのようにして企画がスタートしたのでしょうか。

広井　ちょうど80年代半ば頃、TRPGの『ダンジョンズ&ドラゴンズ』をよく遊んでいたんですが、そのゲームに使うフィギュアが2000円とか3000円とかのメタル製だったんです。そのうち「このフィギュアって高すぎるよね」という話から、「オマケでフィギュアをいっぱい作れば、俺たちのコマができるじゃん！」ということを考え始めたんです。そんな時に資材会社が、温度で色が変わる温感インクを持ってきて、フィギュアにこのインクを混ぜることを誰かが提案したんです。そこでまずは、当時英語版の『ダンジョンズ&ドラゴンズ』を輸入していた代理店に、自分たちが作ったフィギュアを持ち込んで「僕らが考えたこのフィギュアは『ダンジョンズ&ドラゴンズ』のパクリじゃないですよね！」って確認をしに行ったんです（笑）。そこで「違う」という言葉をもらったので、それをもってロッテに説明してゴーサインをもらいました。

――確かに『ネクロスの要塞』のデザインは、ちょっと海外っぽいですよね。

広井　そうですね。ただ子供たちにTRPGをやらせるというのはハードルが高すぎました。それにルーレットなんかも箱に入れられない。そこで勝ち負けはじゃんけんにしようと決めたんです。これらの要素をいかにオマケにしていくか、ということを考えていきました。

――フィギュアだけでなく、情報が記載されたカードも入っているという豪勢なセット内容でした。

広井　カードのデザインを起こして、裏の文章も考えないといけないから、カードもかなり手間がかかっているんです。この時にがんばってくれたのが、あだちひろしさんや吉川兆二さんです。ああいう連中がまだ社内でウロウロしていた時代、本当にタダ働き同然でやってくれました（笑）。正規にライターやイラストレーターを雇っていたら成立しない企画ではありました。

――ちなみに『ネクロス』の売れ行きはいかがでしたか？

広井　はっきり言ってめちゃくちゃ売れました。ネクロスは一個100円、ビックリマンは一個30円ですから、売上高でいったらけっこういい勝負をしていたと思いますよ。

――『ネクロス』の特徴の一つに、パッケージ裏やベロに設定などが印刷されている点が挙げられます。

広井　空白恐怖症なので、パッケージの裏やベロの部分で何かやりたかったんです。箱裏に印刷すると確実にコストがかかるけど、ベロなら箱の表だからそこでまずは何かやろう。そして、最初に裏にも印刷するということを言っておけば予算が出るんだと知りました（笑）。ということで、表4色刷りと裏1色刷りで見積もりを出しました。

――『ネクロス』は漫画やゲームなどのメディア展開も活発でしたね。

広井　実は、そこでいろいろ揉《も》めたんです。当時、『ネクロス』がメディア展開するとなった時、当然僕らも制作の中に入れると思っていたら排除されてしまったんです。『ネクロスの要塞』ってタイトルは僕らが作ったのに。だから、ここで著作権などの問題について勉強した結果、権利者になろうと思いいたるようになりました。

――その後、レッドカンパニーはどうなったのでしょうか。

広井　ロッテでやっている頃から、よくしてくれている方に「カバヤで仕事をしないか」と言われていたんですが、その時は手いっぱいでお断りしていたんです。でも、『ネクロス』の事情を説明したら「じゃあアニメをやるか」とサンライズの社長を紹介してくださったんです。そして生まれたのが『魔神英雄伝ワタル』です。『ネクロス』のノウハウを生かして印刷物も全部うちで企画しました。ヒエラルキーを付けたステージを登っていくというゲーム的発想は『ネクロスの要塞』の経験があったから生まれたんです。

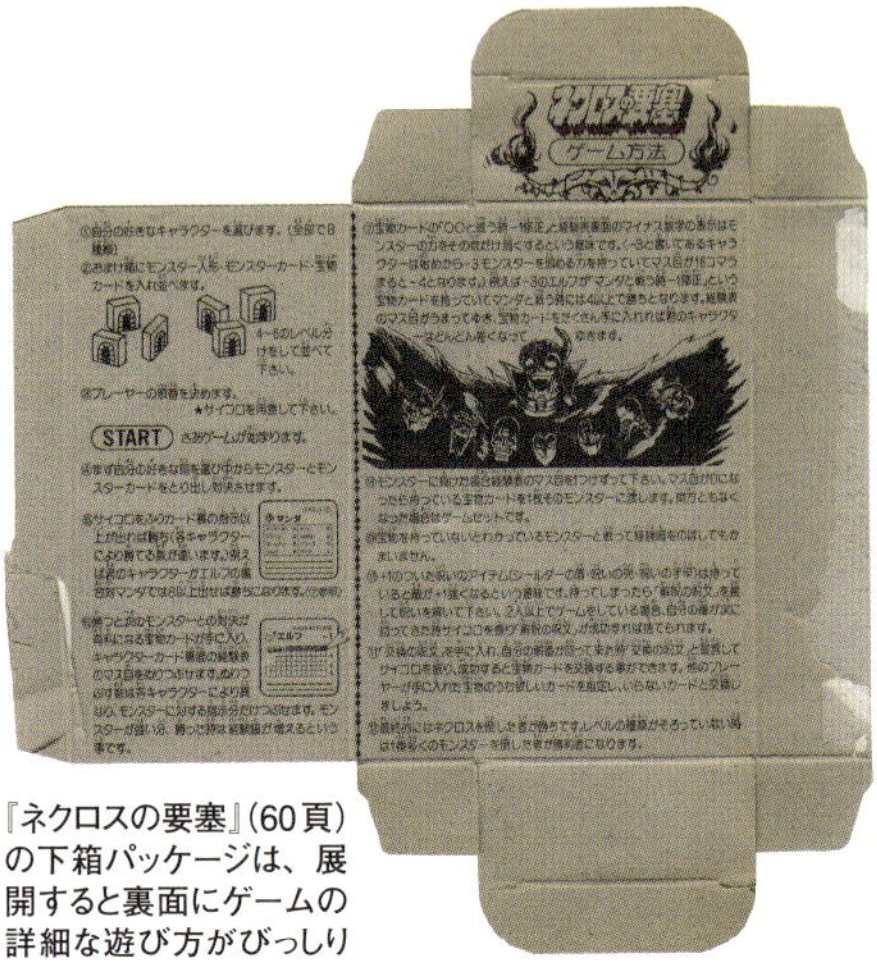

『ネクロスの要塞』(60頁)の下箱パッケージは、展開すると裏面にゲームの詳細な遊び方がびっしりと書かれている。

『魔神英雄伝ワタル』のテレビ放送25周年記念のCD-BOX。『ワタル』はアニメ以外にコミック、ファミコン、プラキット、ラジオドラマなど幅広く展開した。

――『ワタル』で初めてカバヤと仕事をされた形ですか？

広井　そうですね。『ワタル』はカバヤとうちの若手がやった仕事でした。僕はトップでタカラ、サンライズ、代理店と3つ回らないといけないからいっぱいいっぱいでした。全部情報共有しないとクレームがきちゃうので、企画のセンターにいたんです。オマケをやっている時もむちゃくちゃ面白かったんですが、アニメもやることがいっぱいあって、また面白かったです。

　で、また『魔導王グランゾート』の企画をやっているとき、新しいスポンサーからお誘いがありました。それがゲームだったんです。自分が興味があるところへ行って、そこで試してる感じですよね。『ワタル』『グランゾート』では小説まで書かせてもらって、思ったことはやれました。自分の空想の具現化という意味での集大成は『サクラ大戦』ですね。歌を入れて、舞台もやって、グッズも僕がやってました。作品っていうのは、まずキャラクターの存在感ありきで、それを生かす舞台をどう用意するかだと、僕は考えています。ロッテで『ネクロス』をやっていた時、漫画やゲームになっていくのを遠目で見ていて「ああいう風な世界に行くんだ」って勉強しました。でも現場には僕がいないから「ああ、違うんだよなあ」と思っていましたね。

　僕は、キャラクターや作品が長く生きていける土台をどう作るかをずっと考えつづけました。それはもう基礎作りしかない。しっかりと世界観や設定を固めるんです。基本的に今はオマケ、付加価値の世界です。例えば、白物家

96年にセガサターン用ゲームソフトとして発売。大正ロマン溢れる帝都を舞台に、女優として活躍する美少女たちが悪と戦うエンタメ大作。スチームパンク、歌謡劇、ロボットものなど、幅広いジャンルを融合させた、広井王子の代表作のひとつである。

電なんてどれも基本的な性能は変わらないでしょ。「野菜室」や「左右から開く」なんて要素は、どれも付加価値、オマケですよ。CDを買うと握手券が入ってるのもオマケ。つまり、今はオマケの奪い合いをしているんです。でも世の中で、オマケ的なものが価値を認められたということじゃないんですかね。

　架空のキャラクターを作るとき、人間そのままの芯を作らないといけない。例えばキャラクターに装飾を付ける時、「ここに龍を付けるということは、こいつは龍が好きなの？」とか考えます。そこに意味が必要です。背中に龍がプリントしてあるジャケット着ます？　着ないですよね。でも、着る人もいる。それはキャラクターなんです。オマケだって、本来は最初の設定やキャラクターをしっかり作らなきゃいけなかったし、そうしないとロングセラーにもならないと思います。反後さんは『ビックリマン』のことを聞いたら、細かーいとこまで全部しゃべれましたよ。全然内容はわかりませんでしたが（笑）。でも反後さんの中では、ちゃんと全部つながっているんです。

――広井さんにとっても、『ネクロス』での経験が後に生きている感じですね。

広井　好きだったからこそいろいろ勉強したり、「俺だったらこうする」ということを試せる場を作ってくれる人が常にいたし、そういう人と出会えたことが幸せでした。

――そのほかのシールの思い出はありますか？

広井　『ガッキンドッキン』ですね。シールを進化させたいと思ったんですよ。Wシールになってて、上のシールをめくるともう1枚シールが出てきたりしてね。あと『封印剣ザニマ』の「アセダック」懐かしいねえ。これは俺が考えたんです。やっぱり自分のは覚えてるなあ。

――ちなみに広井さんは子供の頃、オマケを集めていましたか？

広井　子供のころからオマケ好きでし

た。その中でも思い出に残っているのは鉄人28号ですね。ちっちゃいんだけどめちゃくちゃかっこよくて、ずっと大事にしてました。でも、どこかでなくしちゃったんだよね。それと、明治の『鉄腕アトム』マジックシール。封筒は未開封のままずっと持っていました。それから丸美屋食品の『エイトマン』シール……いろいろ集めてました。今でも、カップ麺を2個買ったら『エヴァンゲリオン対ゴジラ』のふたおきがついてくるっていうんで、思わず買ってしまった（笑）。

――もしもう一度オマケを作るとしたら、どんなものを作りたいですか？

広井　（しばらく考えて）……ディスプレイがシールになってるんです。それでWi-Fiと繋がってるから、触ったりしたら映像が変わる。それを1枚5円くらいで作れれば、いいシールができるよ。みんながべたべた貼ったシールが全部画面になるから、子供たちが遊ぶ度に広告塔になるんです。シールなのに広告がついてるから安くできる。ただし何十枚も持っていても、1年でそのシールは死ぬんです。

――死ぬ？

広井　うん。オマケって壊れないとダメなの。その時に決別して、子供たちは次のステップへ行く。オマケってそういう、ある年齢層だけのものなの。だから大人たちがそんなものに夢中にはならなくていい（笑）。大人なんだから、もっといいものがあるでしょ？

――今も夢中になっててすみません（苦笑）。

広井　ダメダメ！　ずーっとオマケだけ追いかけてシェイクスピアも読んだことないってのはダメです。オマケシールからシェイクスピアまで行かないとダメ！　その一番最初のステップを踏ませるというのが僕らの役目だと思います。物語って面白いとか、キャラクターと出会って正義感や友情を知ってね、それで芝居を観られるようになったりね。オマケは子供の心のビタミンだって僕は思っていました。

――広井さんがオマケシールに関わった80年代はどんな時代でしたか？

広井　寝る暇もありませんでした。毎月（お菓子につく）シールが入れ替えになるから、店頭に並ぶ前に次の企画をやらなきゃいけませんでした。売れてるシリーズは毎週会議してるし、会議にはラフデザインを持っていって、「いいじゃんこれ」って言われると翌週にはもっと正確なデザインを求められる。そういう企画を何本もやっていました。

　自分にとっての集大成が『サクラ大戦』だとするなら、そのルーツはオマケ企画です。すべてオマケからの派生品です。今までそういう括りで僕を見る人がいなかったんですよ。『ワタル』の人、『サクラ大戦』の人、みたいに単発でしか見られなかったけど、オマケという視点で見てくれれば全部つながっていると思いますよ。僕は世界経済とか日本経済とか考えたくもなくて、身内で小さい会社をやるのが楽しいんです。手の届く範囲が幸せになっていればいい。それこそ、仕事は僕の人生にとってはオマケ。大事な人たちと、楽しい関係でずっといたいから、仕事をしています。

スタジオメルファン

オマケシールは印刷会社の技術競争にもなっていました

『ガムラツイスト』『ラーメンばあ』『魔空の迷宮』『対決戦国時代』……。数多くのシールをデザインしたスタジオメルファン関係者が、嵐のように駆け抜けた80年代を振り返る！

スタジオメルファン● 1977年、桜井勇（写真左）が創業。キャラクターデザインしたタカラのおもちゃ『こえだちゃんと木のおうち』の大ヒットで、ファンシー玩具の企画がメインに。以後『ガムラツイスト』『ラーメンばあ』を始めとした数々のオマケシールを送り出す。企画・ストーリーは安島あじまる（中）、イラスト・作画は下條美治（右）が主に担当。今年（2017年）創業40周年を迎える。

――メルファンさんの歴史を教えて下さい。

桜井　最初は東映動画でアニメーターをやっていたんですが、その後、漫画を描くようになったんです。その頃は時代劇ものやアダルトな劇画を青年誌に描いたりしていました。でも8年間も描いていると劇画に限界を感じ、童画に職種を転換してサンプル作品を講談社の幼児雑誌『おともだち』に持ち込んだんです。するとタカラさんから近く販売するというおもちゃ「大きな木のおうち」を元にしたマンガ絵本の連載を依頼されました。その『こえだちゃんと木のおうち』がヒットし、おもちゃの方も爆発的に売れだしました。タカラさんからもおもちゃのパッケージや中に入れるミニ絵本など大量の仕事を発注していただき、そこでスタッフを募集して会社を立ち上げました。今年（2017年）、40周年を迎えます。

安島　当初はファンシー玩具や文房具の仕事が中心でした。

桜井　そのうち、大日本印刷のあるデザイナーの方に出会い、オマケ商品の仕事を受けるようになるわけです。

安島　当時、大日本印刷でやっていた『ビックリマン』が爆発的に当たったんで、他のお菓子メーカーも「シールをやりたい」と言うようになっていました。そこでシールをやる会社を、東京で探していたようですね。

下條　うちが最初にやったのは『モンスターカード』だったような。

安島　その次くらいにやったのが『ガムラツイスト』（以下『ガムラ』）です。桜井さんが「こんな仕事来ちゃったよ！」「誰かできるか？」って言ってたのは覚えています（笑）。「下條くん。君は男だからできるだろ」って振られたんだよね？

桜井　うちは玩具のパッケージイラストばかりやっていたから、オマケシールのことはわからなかったんです。ただ、イラストの仕事がいっぱいくればいいなと思って営業したところ、大日本印刷のNさんから話をもらったんです。

安島　Nさんは『ガムラ』における反後さんみたいな人で、ものすごいアイデアマン。私はなんにもわからないままラフを描かされました。

――『ガムラ』は最初からWシールという仕様が決まってたんですか？

桜井　決まっていました。

安島　もともとは大日本印刷の企画部という部署が、Wシールの素材とかシステムを売りたくて立てた企画です。Nさんは『ビックリマン』と同じ部署の人でした。

――印刷技術のプロモーションという意図があったわけですね。

安島　Wシール、トリプルシールとか、ホログラム印刷、パール印刷など新しい技術が発明されるとうちに持ってきて、「メルファンさん、こういう技術があるんだけど！」って提案してくる感じでしたね。シール企画はほとんどその部署から発信されていたと思います。凸版印刷にも同じような部署があって、当時、大日本と凸版が水面下で熾烈な戦いを繰り広げていました。

――オマケシールが印刷会社の代理戦争のようなものになっていたんですね。新技術を使うとなると、コストもかさむと思うのですが、その計算はどうされていたのでしょうか。

安島　大日本印刷が、自分たちの技術を使いたいと言って持ってくる企画だったので、シールのコストについては最初から折り合いがついていましたね。

――ストーリーやキャラクターもNさんが考えられていたんですか？

桜井　はい。一番最初はプロレスを題材に、異種格闘技ものの何でもあり、なシールにしたかったそうです。

安島　軌道に乗り始めた辺りからストーリーは、Nさんがおおざっぱなところは考えられて、あとはメルファンで膨らませていきました。キャラクターの名前や設定は、メルファンのみんなで考えていました。パワーゲージや矢印を考えたのはNさんでしたね。

下條　最初はひとりでキャラクターデザインからやっていたんですが、毎月何十枚とかになってくると追いつかなくなって、最後は下絵だけやって、後はほかのイラストレーターが線を起こしたりしていました。

――反響はいかがでしたか？

安島　第2弾が終わるまでわかりませんでした。ものすごく忙しくなってきたのも、第2弾が過ぎてからですよね。いろんなメーカーさんが「じゃあウチも、ウチも」ってシールを出したがって、ものすごいシールブームが始まりました。『ガムラ』人気を実感したのは、『コミックボンボン』で「子供が考えたシール企画をやりましょう」って話になった時ですね。あれは楽しかった。

桜井　漫画連載もすぐに始まって。

――その後、『ラーメンばあ』がスタートし、『ガムラ』と並行して「レスラー軍団抗争シール」が展開しました。

安島　これもNさんの思いつきなんですよね。「(両シリーズは)こういう風にシンクロして!」『ラーメンばあ』のコマーシャルに出てきた親父をシールにしたいんだよね!」とか(笑)。この頃は毎月6本くらい企画を動かしていたので、かなり忙しかったです。

桜井　当初は7、8人だったイラストレーターがどんどん増えてきて、『ガムラ』の第3弾、第4弾くらいからものすごい量の仕事がくるようになり、一番忙しい時はデザイナーだけでも30人くらい抱えていました。みんな泊まり込みで仕事をしていました。

安島　私は忙し過ぎて絵を描いてる暇がなくなっちゃった。その代わりにストーリーを考えたり、レイアウトを切ったりとかしていました。

桜井　この生活が4、5年は続きました。

――シリーズが何弾まで続くというのは、どこが決めていたのでしょうか。

安島　やはりお菓子メーカーと大日本印刷ですね。採算が取れるかどうかで検討されて、売れなくなるとまず枚数が減らされていきました。

――「レスラー軍団抗争シール」についていえば、『ガムラ』は15弾で完結しました。きちんとストーリーを収束させることができたという点で、『ガムラ』は奇跡的な商品ですね。

安島　この頃、新商品『聖戦士ロビンJr.』に移行するということが決まって、そっちの方に力を入れようということになったので、『ガムラ』は最後まで組み立てができたんです。

『コミックボンボン』に連載された、おうたごさくの『レスラー軍団大抗争!』。最初はギャグでスタートしたが、次第にシリアスな展開になった。

――一方『ラーメンばあ』は14弾の情報が『コミックボンボン』に掲載された後、発売されないままフェードアウトしてしまいましたね。

安島　『聖戦士ロビンJr.』はシールのみならず、アニメなどのメディア展開も全部一斉に始まることになりました。そこで「レスラー軍団」のアニメも終了することになり、『ラーメンばあ』14弾もお蔵入りになってしまったんです。

――メディア展開の都合で打ち切られちゃったんですね。続編の『聖戦士ロビンJr.』についてはどんな思いがありますか。

安島　それまではシールでまずキャラや世界観を提示していたのですが、『聖戦士ロビンJr.』ではアニメの方でキャラ設定をちゃんと描写することになったんです。その結果、シールの方がアニメの関連商品みたいになってしまいました。それが失敗だったと思います。アニメの視聴率はそこそこあった

ロビンの息子・ロビン Jr. と、闇細胞カオスと合体した慈恋魔＝G 羅が戦うSF 物語『聖戦士ロビン Jr.』のシール。

そうなんですが、シールが売れなくなっちゃったらしいんです。

桜井　アニメになったら終わりだよね。

――そういう事情があったんですね。そのほかのシールについて覚えてらっしゃいますか？

桜井『対決戦国時代』は、下條が『ガムラ』で手一杯だったので最初は僕が描いてたんです。時代ものの漫画とか昔やってたからね。ただ僕はあんまり絵がうまくないから、下條のつなぎのつもりでした。下條の手があいたら、バトンタッチしました。

下條　仕事の合間に、別の仕事をやるような状況でしたね。

桜井　下條は筆のスピードが速いからね。『魔空の迷宮』は一番忙しかったころのシールだね。

下條　確かタイトルだけ決まってたけどストーリーとかも特になくて、うちに全部お任せだったような気がします。

安島『タイムスリップバトル』は面白かった。キャラクターも良かったですよね。『タイムスリップバトル』のラフは描いたような描いてないような…。

桜井　この頃は安島がラフを作って、それを下條が完成させるというやり方もしていました。

――80年代の熱狂的なシールブームは、振り返るとどんな時代でしたか？

安島　嵐のように忙しい時代でした。でも楽しかったよね。

下條　デジタルになる前の時代だからね。今はメールで充分だけど、当時はいちいち大日本印刷まで行って、原稿の受け渡しや修正とかしてたからね。でも、まあ楽しい時代でした。

桜井　作画の会社としてはバラ色の時代だったと思います。いろんな仕事をやれたよね。昔は仕事を断るのも大変だったくらいでした。

安島　キャラクター商売の黄金時代。

桜井　うん、黄金時代。メルファンとしても一番良い時代でした。今はだんだんと作画の仕事は減ってきています。デジタルの時代になって、データを再加工したりするのも楽になりましたから。当時は加工するたびに絵を買ってもらえたんだけど。

――オマケシールブームの前と後で、仕事の内容は変わりましたか？

桜井　がらっと変わったよね。

安島　もともとメルファンは、ほとんど女性イラストレーターでしたし。

桜井　社名のメルファンも、「メルヘン＆ファンタジー」が由来ですから（笑）。だから下條がいないと『ガムラ』はうちでやってなかったかもしれませんね。

――最後にオマケシールの肝はどういうところだと思いますか？

安島　四角の中に上手に、インパクトのあるキャラクターを入れることです。

下條　あとはイラストレーターがある程度、色の指定までして、それをデザイナーが反映して版下を作り……。

安島　とにかく集団作業。シールはひとりじゃ完成させられない商品でした。

あだちひろし

カード、人形、アナログゲームなど遊びごたえある構成で大ヒットを記録した『ネクロスの要塞』。イラスト、テキストなど企画の大半を手がけたあだちひろし氏にインタビュー！

『ネクロス』は続きとして野球編なども考えていました

あだちひろし● 1952年生まれ。76年、レッドカンパニーの創設に参加。『ジョイントロボ』『昆虫レスラー』などロッテのオマケ（成型品）の企画を担当。『ネクロスの要塞』大ヒット以後も、『ワタル』『天外魔境』などに関わる。

――『ネクロスの要塞』はいかにして生まれたのでしょうか。

あだち　『ネクロス』はロッテがコンペ形式で企画を募る、という形で集められたアイデアのひとつでした。いろいろな企画を子供たちに見せて投票してもらったところ、実際にどのくらいの人数を集めてやったかはわかりませんが『ネクロス』は2番目に人気だったそうです。1番はシールもの。その後、我々の担当になったロッテの荒生さんという方のおかげで企画が通りました。

――当初から人形、カード、ゲーム要素というアイデアがあったんですか？

あだち　当初からありました。最初はメタルフィギュアに着想を得ました。それだと種類もいっぱい作れるから、ネタとしてはいいなと思っていました。

――『ネクロス』というと、細かい造形なのに一発成型というハイクオリティのフィギュアが特徴ですね。

あだち　それは『ネクロス』の前にやっていた『昆虫レスラー』について、作ってる側の評判が悪かったせいです。手足や顔が別パーツで、それを1体に組み立てて箱に詰めるというのが非常に面倒くさい。「やればやるほど赤字だ」と言われました。それなら一発成型にしようと思いました。そして、その人形の説明をするためにカードを付ける。ゲームとして、敵を倒してアイテムを手に入れるという遊びができる、という形の商品にしようと考えました。けっこう豪勢なセットだったと思うのですが、やはり人形が一発成型のおかげでコストに余裕があったからですね。

――あだちさんは、主にどのようなお

仕事を担当されていたのでしょうか。

あだち　まず企画ですね。どういう人形を作るかというバリエーションを考えて、「こういう展開になります」ということを荒生さんと打ち合わせして、OKが出れば、最初にカードの絵を描きます。それが1か月くらい。そして図面を引いて造形の内田（茂夫）さんに渡すまでが2週間。そしてカードの裏の原稿も書いていました。それで商品が出来上がるまでに4〜5か月ほど。それを自分ともう一人のスタッフの二人体制で3年間続けました。

――造形の内田茂夫さんと一緒に仕事をしたのは、『ネクロス』が最初ですか？

あだち　はい。ただ特にやり取りすることはありませんでしたね。僕が図面を描いて、営業の人がそれを内田さんに渡したら、ああいう人形ができてきたんです。内田さんは、もともと玩具のパーツの金型を作って納品するという仕事をされていたみたいですが、かねてから自由にオリジナルキャラクターを作れる、『ネクロス』みたいな仕事をしたかったみたいです。

――『ネクロス』は、カードではなくシールが入ったアイスも出ていましたね。

あだち　ロッテの荒生さんがそもそもアイスの担当だったみたいで、自然にアイスも出すことになったんです。うちは本編（チョコボール菓子シリーズ）をやるので精一杯でしたから、タンキリエ文字のネタを考えたくらいで、後はノータッチでした。絵も流用していたので、ホロシールなどは別のところで起こしたんじゃないでしょうか。

――『ネクロス』は第3部のストーリーを描く8弾で終わってますが、第4部以降のアイデアもあったのでしょうか。

あだち　9弾の企画を用意していたんですが、だんだん売り上げが落ちてきたため、「もしかしたら続きは出ないかもしれない」とは言われていて、やっぱり出なかったんです。当時のロッテの要求としては、「連続ものじゃなくて1弾ずつで完結したものにしてくれ」というのがありましたね。いつやめてもいいようにってことだと思います。ただ1弾完結型にしちゃうと、レベルアップしていくようなゲーム的要素はなくなってしまう。だからルールを変えるか、宇宙編とか野球編とか、世界観を変えながらやるしかないとは考えていました。

――『ネクロス』で野球！　それはそれで見てみたかったような気もしますが（笑）。ちなみに一番印象に残っているキャラクターは何ですか？

あだち　「ネクロス」は毎回出さなきゃいけないので、どうひねるか毎回考えていました。「ゾンビ」がサイボーグになって、ロボットになって、と変化していくあたりは楽しかったですね。少なくとも形は変えないと人形として面白くないので。

――あだちさんにとってオマケとは？

あだち　振り返ると天職だったような気がします。作っていて楽しいですし、やっぱりオマケぐらいの規模が自分にはいちばん合ってる気がします。テレビゲームを1本作るとなると、何億もかかってしまうので……。ただ今後も改めてやりたいかっていうと、それはどうなんだろう（笑）。作ってくださいという方がいれば、やりますけどね。

サデスパー堀野

1971年、東京生まれ。立教大学社会学部卒業。アニメ・漫画・ゲーム・特撮・妖怪・食玩などに精通したフリーライター。80年代オマケシールブームのときは、メジャー・マイナー問わずシールやパッケージを保存・収集。『TVチャンピオン』の「悪役怪獣・怪人王選手権」で3位、「食玩王選手権」で4位の輝かしい（？）実績を誇る。『1990年大百科』（宝島社）などで、当時のオマケシールに関する記事を執筆したほか、資料協力やメディア出演も多数ある。

80年代オマケシール大百科

2017年4月15日　第1刷発行
2024年1月20日　第4刷発行

著　者　サデスパー堀野
企　画　有田シュン
資料提供　マイナレンジャー〔MACH01、ちくわ(ん)、でんのすけ、すら、kaishin(毒)、さとっぴお、Ritz〕、UN21
写真撮影　藤森信一
装幀・本文デザイン　STUDIO BEAT（竹歳明弘、齋藤ひさの）
本文DTP　オフィス・ムーヴ（原田高志）

お菓子会社一覧◉ロッテ、クラシエフーズ、フルタ製菓、森永乳業、カバヤ食品、明治、チロルチョコ、ヱスビー食品、不二家、森永製菓、マーメイド、東ハト、オリオン、アキヤマ、おやつカンパニー、光陽製菓、リスカ、赤城乳業、杉本屋製菓、日清シスコ、コリス、ハマダコンフェクト、ブルボン、三立製菓（掲載順）

発行者　首藤知哉
発行所　株式会社いそっぷ社
〒146-0085　東京都大田区久が原5-5-9
電話 03-3754-8119

印刷・製本　シナノ印刷株式会社

ISBN978-4-900963-74-0　C0095
定価はカバーに表示してあります。